生活中的哲学课

[英] **亚当·费尔纳** ◎著　　**梁金柱** ◎译
（Adam Ferner）

THINK DIFFERENTLY

Open your mind. Philosophy for modern life

中国科学技术出版社

·北京·

Think Differently: Open your mind. Philosophy for modern life by Adam Ferner/ISBN:978-1-78131-717-4.

Copyright©2018 Quarto Publishing plc. Text©2018 Adam Ferner.

First published in 2018 by White Lion Publishing, an imprint of The Quarto Group.

Simplified Chinese translation copyright 2024 by China Science and Technology Press Co.,Ltd.

北京市版权局著作权合同登记 图字：01-2024-0485。

图书在版编目（CIP）数据

生活中的哲学课 /（英）亚当·费尔纳
(Adam Ferner) 著；梁金柱译 . -- 北京：中国科学技
术出版社 , 2024. 9. -- ISBN 978-7-5236-0808-1

Ⅰ . B-49

中国国家版本馆 CIP 数据核字第 2024YM9001 号

策划编辑	赵　嵘　伏　玥	
责任编辑	刘　畅	
执行编辑	伏　玥	
版式设计	蚂蚁设计	
封面设计	创研设	
责任校对	张晓莉	
责任印制	李晓霖	

出　　版	中国科学技术出版社
发　　行	中国科学技术出版社有限公司
地　　址	北京市海淀区中关村南大街 16 号
邮　　编	100081
发行电话	010-62173865
传　　真	010-62173081
网　　址	http://www.cspbooks.com.cn

开　　本	710mm×1000mm　1/16
字　　数	127 千字
印　　张	8.75
版　　次	2024 年 9 月第 1 版
印　　次	2024 年 9 月第 1 次印刷
印　　刷	北京华联印刷有限公司
书　　号	ISBN 978-7-5236-0808-1 / B·182
定　　价	59.00 元

阅读指南

本书分为5个章节，共20节课，涵盖了当今最热门的哲学话题。

每节课介绍了一个重要的概念。

解释如何将学到的东西应用到日常生活中。

在阅读本书的过程中，工具包能帮助你记录已学内容。

通过阅读本书，我们将帮助你增长知识，为你指引人生方向。你可以以自己喜欢的方式阅读本书，或循序渐进，或跳跃性阅读。请开启你的阅读思考之旅吧。

目　录

引　言

坦白说，哲学并不擅长给我们答案。几千年来，哲学家们一直在追问同样的老问题，却没有得出任何实际的解决方案。我们有自由意志吗？是否存在着不朽的灵魂？有人会说"大概有吧"，有人会说"可能没有"，但大多数人只是无奈地耸耸肩。

然而，这并不是哲学的失败。有些问题并没有明确的答案——面对纷繁复杂的现实中出现的各种困惑，"哲学的无奈"往往是唯一合适的回应。哲学不是一份关于什么是真实的、什么是不真实的清单。它关乎着我们如何以一种有益的方式去思考，它关乎着对复杂性的承认和欢迎。这也是本书的目的——让我们对居住的世界以及世上的人产生更多的困惑、思考和兴趣。

本书共有5章，每章分为4节课。第1章"人际关系技巧"，探讨了关于我们与人交往的各种理论和观点。我们可以撒谎吗？我们为什么要争吵？尊重你的父母意味着什么？第2章"生活方式"，探讨了我们生活方式的选择以及这种选择背后的原因。你想结婚生子吗？为什么？如果你信奉素食主义，你应该成为一个绝对的素食主义者吗？坚果奶酪是邪恶的吗？第3章"自我成长"，重点关注的是自我。你的自我、我的自我——这些神秘的"自我"究竟是什么？在你死后它们会怎样？它们是特定政治观点的产物吗？（注意，这一章可能会让容易产生存在主义焦虑的人感到不舒服。）第4章"社会"，研究了我们如何按照所谓的"自然"路线将自己分成不同的群体，以及无形的意识形态的力量——它能够塑造我们的思考方式。第5章"娱乐"，也是最后一章，探讨了包括恐怖电影和电脑游戏在内的各种爱好和消遣。我们

"世上只有一种懦夫，就是不敢求知的懦夫。"

——威·爱·伯·杜波依斯（W.E.B. Du Bois）

是否可以享受虚构的暴力表现？创造力是后天习得的还是天生的？对马麦酱（Marmite）[1]的厌恶是客观的吗？

每一章我们都会使用哲学、政治学、美学方面的著作来审视日常问题——因为哲学不应该只涉及晦涩的逻辑和深奥的思考，还应该涉及我们的生活以及生活方式。

---

① 马麦酱（Marmite）是一种源自英国的独特调味酱，主要由从啤酒酿造过程中提取的酵母沉淀物制成。——编者注

就像甜甜霜一样，了一切。

圈上的糖

哲学涵盖

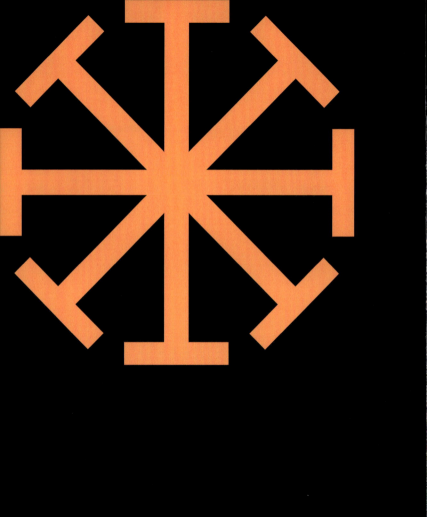

第1章

人际关系技巧

第1课 **如何争论**

争论对于产生新的想法至关重要。那么，认为它们是对立的想法是否奇怪？

第2课 **实话实说**

说谎是否能被接受？谎言是否是无害的行为？康德说"不"——我们应该相信他吗？

第3课 **尊重**

我们尊重不同的事物：法律、自然和人类，但我们是否以相同的方式尊重它们？

第4课 **忠诚的边界**

忠诚似乎是一种美德，而不忠似乎是一种劣行。但显而易见并不代表是真实的。

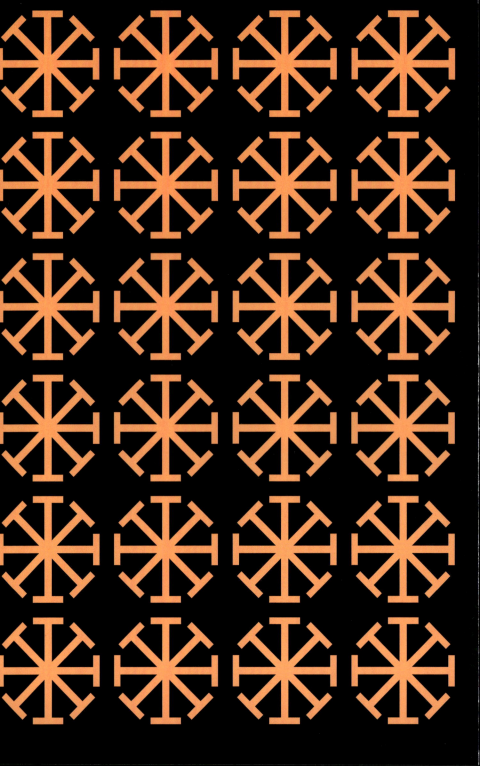

"无论是精神上还是身体上，都只有一个世界，而我们必须生活在其中。"

——玛丽·米奇利（Mary Midgley）

在这一章中，我们将探讨管理学界称为"人际关系技巧"的东西：人与人之间的关系。我们如何与他人互动？而且，重要的是，哲学能帮助我们找到更好的互动方式吗？本章课程的研究重点是我们在与他人日常交往时表现出来——有时甚至没有表现出来——的道德行为。无论是在家里还是在工作场合，是外出购物还是乘坐公交，我们与其他人互动的方式都充满着无穷的趣味。即使是人与人之间最平淡无奇的相遇也能从哲学研究中汲取智慧。

假设你和朋友正在讨论晚餐吃什么：吃比萨还是咖喱？你们是如何争论的？理由是什么？你是否愿意改变自己的想法？

如果你想请病假怎么办？对老板撒谎是不道德的吗？即使他们没有发现，如果你打破了诚实的底线，结果会怎样？

再想想一直以来关于"尊重自己的父母"的教导。这有可能是父母们的自我宣传吗？为了知道这样的教导是否合理，我们必须弄清楚何为"尊重"，何时给予我们的尊重，以及我们表达尊重的方式是否恰当。

忠诚也是我们要探讨的一个问题。当我们的朋友向其他人吐槽我们时，我们会认为他们的做法是一种"背叛"行为。我们很少停下来思考他们所说的话是否有道理。也许不忠并不像我们想象的那样，是一件坏事……

在上述的每一种情形中，哲学思考可以帮助我们理解当下的行为，以及这种行为是否道德，有效还是无效。尽管这些课程之间存在着一定的联系，但每一节课都可以单独阅读。在本章的结尾，我们将总结我们所学的课程，并开始创造我们的哲学工具包。

第1课　如何争论

争论是一项"血腥"的运动——至少，我们中的许多人都是这样看待它的。我们谈论的是参与一场"智慧的较量"，给予"致命的一击"或看到其他人立场中的"致命的缺陷"。当你描述辩论中的"唇枪舌剑"时，就像是在描述人们互相刺杀——不得不说，那是相当恐怖的事情。

当然，这些都是比喻的说法。争论可能会很激烈，但你不会在谈话中真的击倒你的对手。事实上，很多时候争论是友好的，机敏的回答和巧妙的反驳让人乐在其中，如同在欣赏一场乒乓球比赛一样。就像竞技体育一样，我们认为争论是我们可以赢得或输掉的比赛。如果你防守稳固，并足够的伶牙俐齿，你就可以战胜你的对手。你可以用华丽的辞藻让对方"眼花缭乱"，让对方的前提失效，或者干脆让对方哑口无言。我们认为怎么争论并不重要，而争论的目的就是夺取胜利。

但这是争论的本质吗？

可想而知，这个问题的答案取决于争论发生的背景。如果你身为辩论队队员，正在准备参加半决赛，观众会非常期待激烈的交锋，而且会有人胜出。双方的得分会被计算，并且有评委进行裁决。如果你幸运的话，甚至可能在最后获得奖励。

遗憾的是，并不是所有的争论都是这样的——大多数时候我们并没有得到奖励。更重要的是，我们在日常生活中陷入的争论很少像比赛那样胜负分明或一板一眼。

在竞争性辩论中，你会被分配一个预先确定的结论，如"金钱是邪恶的"，你应该毫不妥协地为它辩护，同时打击你的对手（持有相反观点的人）。有各种方法可以论证金钱是邪恶的，辩论者可以使用不同的前提，但直到最后他们也不会放弃自己的结论。

但是，如果是一次普通的交流，比如那种在办公室里常见的交流，情况又当如何呢？财务部的吉姆经常拿走你的笔——这个混蛋。你表达了自己的不满，告诉他这样做很令人讨厌。吉姆还是老样子，他回答说，和办公室里最好的座位比起来，几支笔的代价不值一提

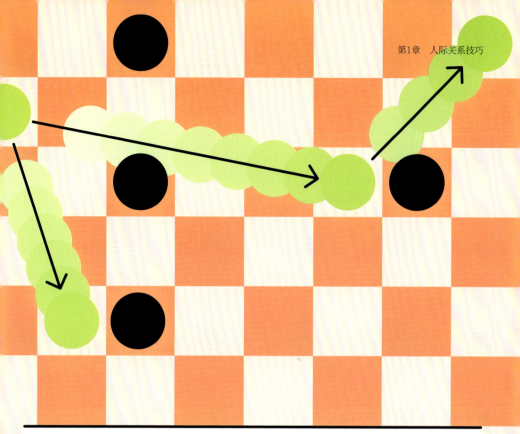

当然，你可以努力赢得这场争论。你可以说，你的座位是公司分配给你的，而他拿走你的笔则是故意的。他是错的。争论可以一直进行下去，你们两个人都会列出对对方的种种不满和各自正确的理由。也许你会赢。也许凭借你的语言天赋和让人无力还嘴的啰唆，你会成功地把可怜的吉姆激怒，让他直接拂袖而去。但你的胜利能解决什么问题吗？这甚至能算是一种胜利吗？极大的可能是，吉姆会继续拿走

你的笔，继续因为你的好座位而对你心生怨恨。在这种情况下，赢或输的因素就会消失，而争论的另一个特点就会凸显出来。

争论可以用来解决问题。想象一下，如果你的目标不是说服吉姆，而是努力认可他的意见，并相应地调整你自己的立场，说不定你们可以达成一个折中的方案。也许可以把饮水机换个位置？也许可以多采购一些零食？

（诚然，情况确实如此）。他还说，如果真有什么事是令人讨厌的，那就是你的座位不光紧挨着饮水机，还与风扇和零食相邻。

赢在解决

我们讨论的是两种不同形式的争论。一方面，争论可以是一种比赛，一定要争个输赢。另一方面，争论可以是一种解决问题或探索创意的方式。这种争论本身没有赢家，即使参与者放弃自己原来的立场，他们也不会失去任何东西。

花点时间想一想你通常的争论方式。你是为了赢而争论吗？这是很多人——从哲学家到律师和政治家——所接受的训练。重要的是，这种方式给相互理解树立了实实在在的障碍。这种比赛要求哪怕是有充分证据证明你应该放弃自己的出发点时，你也要捍卫它。在某种意义上，这造成了我们所说的"认知损失"，即一种明知故犯的错误。即使就胜利本身而言，也不完全像人们想象的那么美好。菲利斯·鲁尼（Phyllis Rooney）在她的论文《哲学、对抗性辩论和陷入困境的理性》（*Philosophy, Adversarial Argumentation, and Embattled Reason*, 2010）中很好地说明了这一点：

"争论中我输了，你赢了……但我肯定是那个在认知上有所收获的人，无论这种收获是多么的微不足道。我用一个可能为真的观念取代了一个可能为假的观念，而你却没有取得这样的收获……"

当你把争论作为一种解决问题的方式时，每个人最后都会得到更好的结果。争论的重点不再是不惜一切代价捍卫自己的立场——而是获得理解，甚至有望获取真理。人们仍然可以提出和反驳反对意见，但要本着合作和相互尊重的精神（我们将在第3课中讨论这一点）。

这种区别不仅仅停留在学术性层面，它是至关重要的。一种争论是咄咄逼人的，会妨碍理解，另一种则可以产生解决方案和一致意见。竞争性争论是静态的，但合作性争论是动态的。

下次你再遇到争论的场合时——无论是家庭纠纷还是政治辩论——思考一下谁占上风，谁落下风。谁在试图赢得争论？如果人们停止打分并开始合作，争论会更有成效吗？

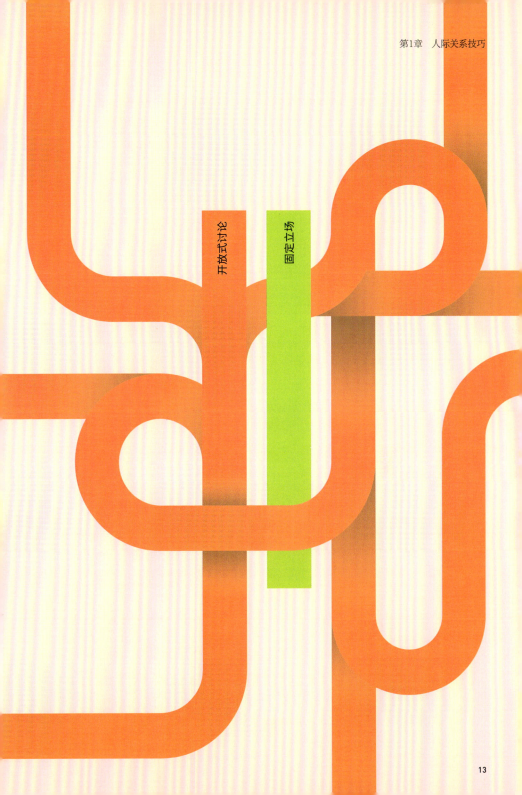

开放式讨论

固定立场

第2课 实话实说

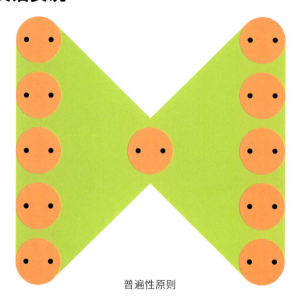

普遍性原则

康德是一个志向非常远大的人。在他的《道德形而上学奠基》(*Groundwork of the Metaphysics of Morals*，1785)一书中，他描绘了他所认为的客观道德现实的结构。康德声称，有一些道德事实是毋庸置疑的——有些行为永远是错误的，比如谋杀。道德真理并不受制于你的观点，无论你的立场如何，它们都是客观事实，不存在任何模棱两可、见仁见智的可能。

康德提出了"绝对命令"的概念，来深入分析这种客观的道德现实。这是一个涉及多个方面的概念，是如果人们要想成为有道德的人，就必须无条件去做的事。这虽然是一个概念，一个单一的、正式的道德原则，但它有不同的表述方式。我们可以先专注于前两个方面。

第一个方面被称为"普遍性原则"，它指出：

"要按照那些你同时认为也能成为普遍规律的准则去行动。"

当你以某种方式行事时，你应该考虑一下，如果每个人都这样做是否可行。比如，你决定开始偷吃别人的巧克力——如果每个人都这样做可以吗？如果每个人都偷拿别人的巧克力、钱财，甚至生命，我们将何以为生？我们又如何维持社会的秩序？

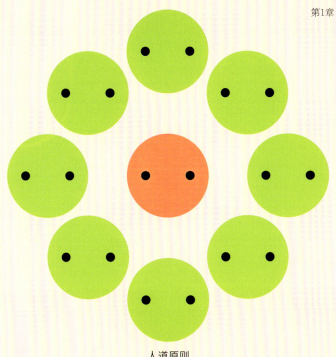

人道原则

第二个方面被称为"人道原则"，它指出：你应该始终把别人当作"他们自己的目的"，而不是把他们当作达到你自己的某种目的的手段。在与朋友和陌生人打交道时，你必须始终牢记他们有自己的生活，有自己的希望和梦想（而且他们必须认识到你也有这些东西）。康德伦理体系的中心思想是，我们必须尊重人类的尊严和平等。如果我们不这样做，如果我们利用他人，我们就犯了道德上的错误。

例如，想象一下，为了让老板对你有个好印象，你让自己的搭档吉尔伯特看起来像个白痴。即使你对吉尔伯特没有特别的怨恨，但你也无视了他的尊严。你把他当作了一块垫脚石，而不是一个人。

康德的道德体系有其缺点，他的描述具有强烈的形式主义特点。在声称存在着一个客观的道德现实时，他把我们的道德世界描绘得过于绝对，忽略了灰色地带的存在。

然而，尽管有缺陷，康德的"绝对命令"思想仍具有巨大的影响力——这主要是因为它构建了一个不带有神学色彩的道德体系。他的《道德形而上学奠基》纯粹是一种理性的批判——因此他认为这对所有的人都有同样的意义。

追求真理

人们会说一大堆谎言，有时是善意的小谎言，有时是弥天大谎。我们通常认为有些谎言比其他谎言更恶劣。如果你告诉我你不喜欢芦笋，但实际上你喜欢芦笋，我不会太介意。不过，如果你告诉我你没有杀过人，但实际上你杀过人——那就是另一回事了。有些谎言比其他谎言更严重。

然而，康德认为所有的谎言都是同样的恶劣——因为谎言作为一种行为，违反了绝对命令的第二个原则——人道原则。对于康德来说，人的尊严和平等是最重要的。他强调，我们永远都不应该贬低人类的价值——自由、理性。

想象这样一个场景。我手头没钱，但又想去看电影。于是，我请求你借给我20英镑[①]——我告诉你我需要它来付我的房租，因为我认为如果你知道我想把这笔钱花在娱乐消遣上，你就不太可能会借给我。但你很慷慨，你把钱借给了我，然后我拿着钱跑去买了一堆糖，并且第三次看了某部好莱坞烂片。

在这种情况下，我为了达到我自己的目的欺骗了你。我通过隐瞒了重要的实情剥夺了你理性评估情况的权利，即剥夺了你自由选择要不要借钱给我的权利。我把你当作达到目的的手段，而不是把你当作你本身的目的。我对待你就像对待一台提款机，而不是一个人。

当然，比这更复杂的情况多不胜数，以哲学文献中经常提到的挥舞斧头的疯子的故事为例。如果他问你的亲人在哪里，你应该撒谎以拯救他们的生命吗？我们换一个不那么戏剧化的情形。想象一下，如果撒谎可能使一个朋友的感情免受伤害，那么你是否会在没有把握的情况下，信誓旦旦地告诉你的朋友"一切都会好起来的"？

康德对这类情况的回应是著名的强硬态度。他说你永远不应该撒谎，永远不要。同时，我们可以把这看作是某种远大理想的另一个例子。康德认为我们不应该撒谎——但这并不意味着我们应该让挥舞斧头的疯子杀死我们的亲人。我们应该创造一个世界，在那里，挥舞斧头的疯子要么不存在，要么没有机会问我们问题。而且，同样地，我们应该增进我们和朋友之间的友谊，这样我们就不必为了让他们安心而撒谎。总而言之，这听起来并不是一个糟糕的想法。

---

① 1英镑约等于9.17人民币。——编者注

如果忠诚

德，也许

以是一种

是一种美

不忠也可

美德？

第3课　尊重

相互尊重是我们日常交往中一条有益的经验法则。"彼此相爱"并不总是可行的，因为爱不是你可以控制的东西，而"相互容忍"也不太可行。一般情况下，我们容忍的是糟糕的气味，而把人当成恶心的气味来对待是一个可怕的行为——它不能促进相互理解或带来和谐的生活。

但是每个人都值得被尊重吗？那种族主义者呢？恐同症患者和性别歧视者呢？我们应该尊重那些满口偏见的人吗？如果你面对的是一个散播危险仇恨言论的偏执者，我猜你很难尊重他们。所以，也许我们会认为有一些人不值得被尊重。

也许吧……但让我们再仔细想想这个问题。

除非过着与世隔绝的生活，否则你很容易碰上观点与你完全不同的人，争论时有发生。有时这些争论会升级，因为尽管你尽了最大努力，但似乎无法和争论方找到共同点，而且不存在妥协的余地。你不仅不同意他们的观点，还认为他们的观点是危险的，应该加以批判。例如，他们认为妇女生来就是做家务的——你认为这是种令人憎恶和荒唐的观点。

这一切如何能与"我们应该'相互尊重'"这一看似合理的主张相一致？

那么，究竟什么是尊重？我们以不同的方式尊重不同的事物。我们尊重自然（比如大海和它可怕的力量），也尊重观念（比如道路限速和法律）。尊重或许意味着"不要低估"——不要低估海洋和它摧毁船只的能力。尊重可以是一种呼吁，让你认识到某些东西的重要性，以及如果你不这样做的后果。限速是交通法规中的一个重要内容——如果你不尊重它，就可能发生交通事故。

当然，我们也尊重人——以不同的方式。如果你说，"我尊重马丁·路德·金"，你的意思是你很敬佩他，但不是每个人都那么令人钦佩。上面关于我们应该"相互尊重"的建议中使用的"尊重"一词意义稍有不同。这种用法更接近我们在第2课中所讨论的内容。当我们尊重人时，我们把他们当作目的本身。我们把他们当作独一无二的实体，他们有自身的价值。政治哲学家奎迈·安东尼·阿皮亚（Kwame Anthony Appiah）将尊重与人类尊严的概念联系起来。他认为，无论我们的政治观点如何，我们都是人

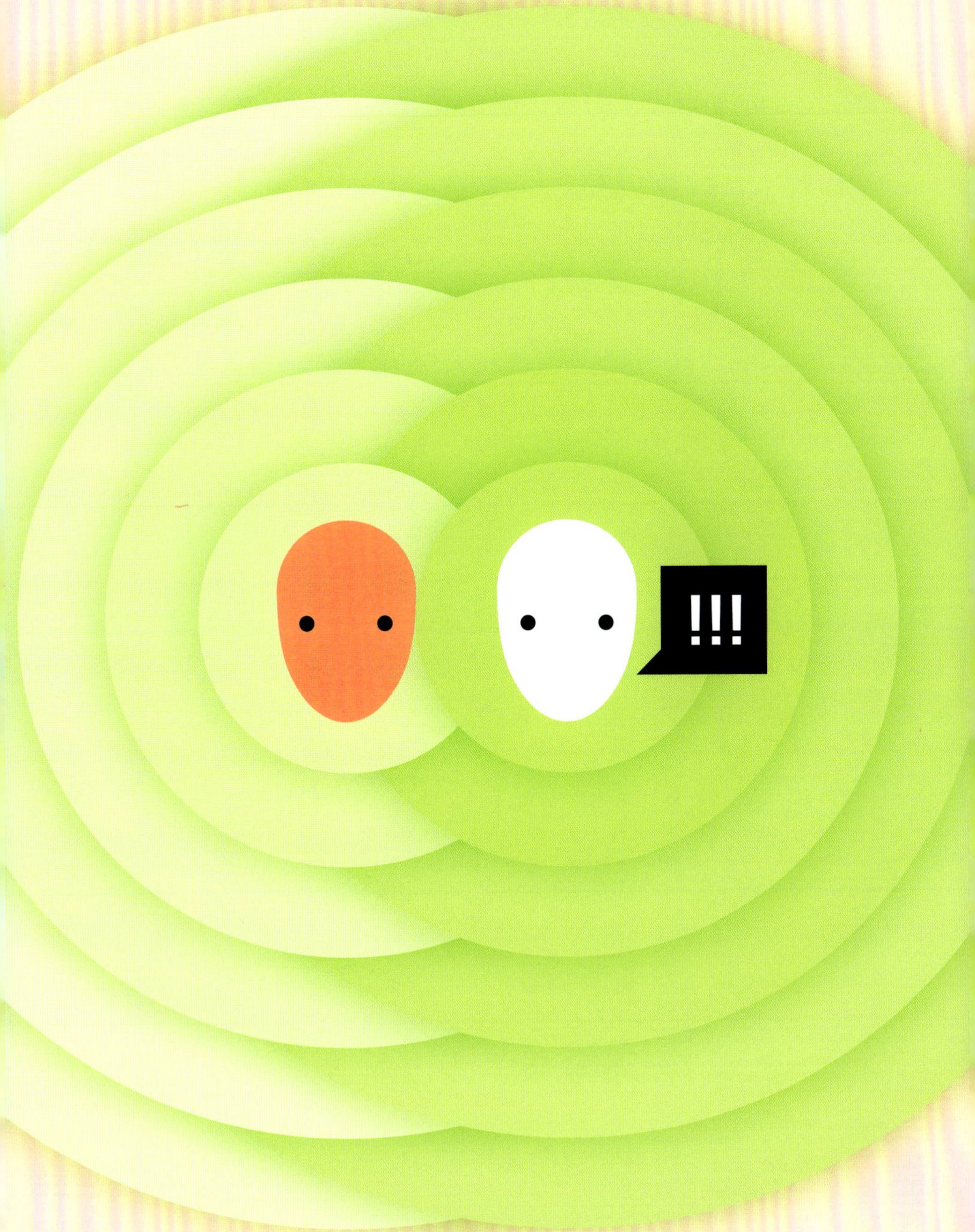

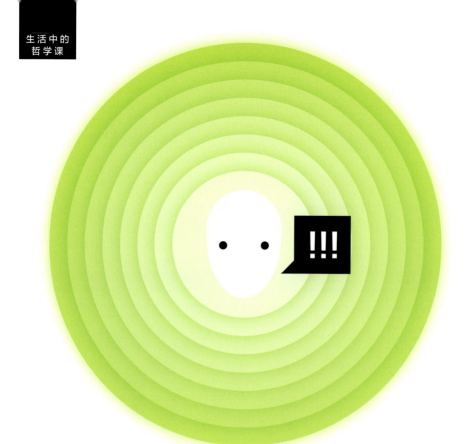

类——当我们彼此互动时，我们需要认识到这一点。从这个意义上说，让我们赢得尊重的不是我们的言语，而是我们的为人。

恕我不能苟同

让我们回到偏执者的问题上。尽管他们可能看起来有失体面，但他们仍然是人，拥有人类的尊严。事实上，我们不应该称呼他们为"偏执狂"，这种叫法无济于事。尽管他们说了那么多招人恨的话，但他们还是值得我们尊重。

这在现实中意味着什么？面对发表残暴言论的人，我们应该怎么做？痛斥？嘲笑？扔烂水果？阿皮亚的答案是"不"。他认为，如果你对他们抱有哲学意义上的尊重，那么你应该和他们谈论他们的思想。

阿皮亚在他的文章《相对主义和跨文化理解》（*Relativism and Cross-Cultural Understanding*，2010）中说："最好把彼此的道德信仰当作各自理性思考的结果。因为将一个人的道德观点仅仅认为是关于他们的简单事实，却忽视了理性思维的存在，就是对他们的不尊重。"如果你尊重某人，就需要把他们看作人，看作有思想能力和自我决

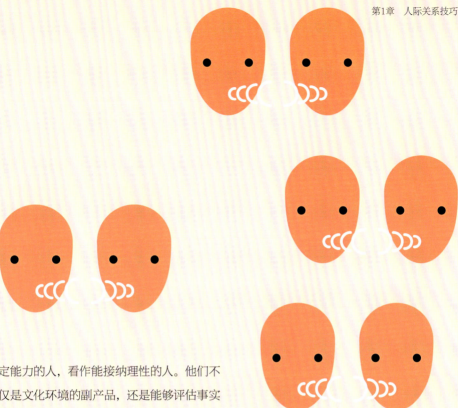

定能力的人，看作能接纳理性的人。他们不仅是文化环境的副产品，还是能够评估事实和分析事实，并为自己做出判断的人。

　　想象一下，你的祖母说，同性恋是"邪恶的"。你爱你的祖母，但你无法接受她的这一说法，那你会怎么做？一方面，你可以无奈地耸耸肩，向你的朋友解释说："她是她那个时代的人，懂得不多。"阿皮亚认为，这样说是对祖母的不尊重。当然，和所有人一样，祖母说的那些话有根深蒂固的、文化上的原因。但你的祖母也是人，她有能力思考和推理，并做出判断。如果你尊重她，把她看作一个拥有人类尊严的人，你就会和她讨论，并尽可能地向她解释，同性恋是邪恶

的这种观念为什么是一种伤害和错误。她的道德观点并不是关于她的基本事实。

　　如果你还是用老一套的做法，称某人为白痴或拒绝讨论时，你就是不尊重对方，因为你把你的对话者看作一个无法理喻的人。或许由于分歧太大，你们最终仍然无法有效地沟通。然而，阿皮亚的观点是要以最大的善意度人，并期望得到同样的对待。你必须让自己诉诸理性，你所交谈的对象也应该如此。这种意义上的尊重才是人们应该在争论中追求的目标。

第4课 忠诚的边界

你上一次被人背叛是什么时候？好好想想……想起来了吗？那是一种糟糕的感觉，真的让人痛彻心扉。当你发现你所信任的人辜负了你，你会感到非常伤心。你觉得你们之间的交情被斩断了，再无修复的可能，而且你在这段关系中所付出的时间、努力和情感都白费了。

背叛有多种形式：与他人暧昧不清是对自己伴侣的背叛；出卖国家机密是对自己国家的背叛；在背后说朋友的坏话是对朋友的背叛。你也可以背叛你自己，那就是践踏自己信奉的原则。

背叛带来的恶劣影响可能是深远的。如果你背叛了自己的伴侣，你们的关系便会岌岌可危。这还可能会影响你与未来伴侣之间的关系——如果你对自己所爱之人感情不忠，那么谁能保证你不会重蹈覆辙？你葬送了自己作为一个"值得信赖"的人的形象。背叛可以被看作是软弱和善变的表现。

我们对背叛者有非常多谴责性的叫法：狐朋狗友、变节者、叛徒、告密者、鬼鬼祟祟的人、黄鼠狼、贼眉鼠眼……也正是因为这些伤害，我们常常认为忠诚是一种美德。

19世纪的美国哲学家约西亚·罗伊斯（Josiah Royce）在他的《忠诚的哲学》（*The Philosophy of Loyalty*，1908）一书中写道：忠诚是"一个人对某项事业心甘情愿的、实际的和彻底的奉献"，我们可以忠诚于理想和组织。后来，道德哲学家玛西娅·布朗（Marcia Brown）指出，我们通常默认"忠诚"是指人与人之间的关系。哪怕你对他人有所动心，但只要你没有越界，你就保持了对自己伴侣的忠诚。哪怕你曾犹豫是否要出卖朋友，但你最终选择了沉默，那你就保持了对朋友的忠诚。我们倾向于奖励这类行为，并通常将忠诚标榜为一种美德。

忠诚会带来安全感。如果你是敏感的人，忠诚的伴侣将给你带来相当大的安慰。而且，忠诚对你自己和你忠于的对象都有好处。如果你忠于某样事物（例如足球俱乐部），你与该事物的关系就会得到加强。你会认同你所忠诚的个人、组织或原则。如果我忠诚于我的家人，并把我的家人的需求放在我自己的需求之上，这是因为在某种程度上，我认为我自己的需求与他们的需求密不可分。

忠诚似乎是一件好事，但并不等同于事实。忠诚就一定是一种美德吗？

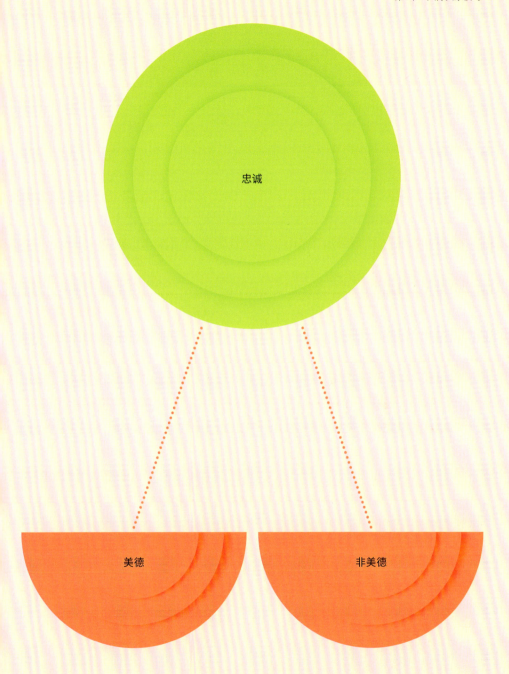

忠诚

美德

非美德

忠诚

不忠

不忠的价值

"忠诚使你局限于公认的观点，忠诚使你不能同情地理解持不同意见的同胞们。"

——格雷厄姆·格林（Graham Greene）

"我想教的第一件事是不忠诚，直到人们习惯于不用忠诚这个词来代表一种美德。这会带来独立性……"

——马克·吐温

正如这些名言所表明的那样，有一些人对忠诚这种所谓的美德持比较谨慎的态度。小说家马克·吐温和格林阐述的普遍想法是：忠诚是一种限制性的东西，它破坏了你的独立性。忠诚是一种控制的形式。上文讨论的例子向我们展示了忠诚的积极作用，但在很多情况下，忠诚带来的结果或许也值得怀疑。

比如阿科苏亚的例子。几年来，她一直努力工作，并迅速升迁，到了管理层。也许她在某种程度上得到了公司合伙人之一约翰的提携，他是一位和善的老人。有一天，阿科苏亚发现约翰一直在用公司的信用卡消费豪华的晚餐。阿科苏亚清楚这样做是不对

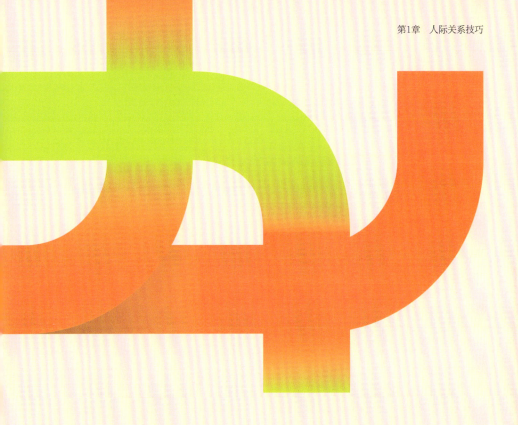

的。那么，阿科苏亚应该举报约翰吗? 这个世界上有很多像约翰一样的人，他们通常利用他人的"忠诚感"，迫使权力比自己小的人保持沉默。在这种情况下，不忠诚真的是一件坏事吗?

我们很容易想象更多令人不安的情况，即当权者利用忠诚度来压制他们的雇员和同事。

正如玛西娅·巴伦（Marcia Baron）在《忠诚的道德地位》（*The Moral Status of Loyalty*，1984）中指出的那样，有许多不忠诚的行为反而产生了有益的影响，打破了令人反感的制度。

巴伦认为，忠诚可能成为正义的障碍。它是一种劝阻的力量，鼓励你对某些事情不加置疑。这种对一个人或一项事业的彻底承诺，限制了你对忠诚对象进行有效批评的能力。这种忠诚的后果可能是难以想象的。

工具包

01

很多时候，我们的争论是竞争性的——仿佛我们可以赢或输——但合作性的争论具有更明显的优势，两人智慧胜一人。

思考点: 如果你是为了赢而争论，那么你会思考得更仔细吗？

02

当你对别人撒谎时，你就剥夺了对方理性思考的权利——所以，根据康德的说法，你应该永远说实话（即使面对一个挥舞斧头的罪犯）。

思考点: 如果理性是关键的话，那么可以对有严重精神障碍的人撒谎吗？

03

尊重是指对人尊严的钦佩或承认，后者意味着将某人视为讲道理的人。

思考点:上一次一个偏执者想改变你的想法是什么时候?

04

忠诚可以增进你与其他人（还有足球俱乐部）的关系，但有时不忠诚在揭露剥削制度方面也很有价值。

思考点:忠诚是否比正义更重要?

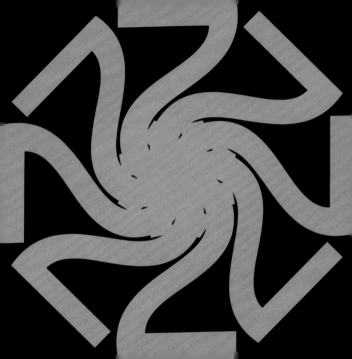

第2章

生活方式

第 5 课　婚姻

有什么庆祝爱的方式比结婚更好呢? 嗯, 也许是不结婚。

第 6 课　生孩子

人们是否需要领养或寄养孩子?

第 7 课　食用肉类

素食主义看起来是一种对肉类工业的道德反应, 但纯素主义真的更好吗? 我们如何满足所有这些道德需求?

第 8 课　购物

"商品拜物"是一个强有力的概念, 用于解释我们为何会被诱惑购买毫无价值的东西。

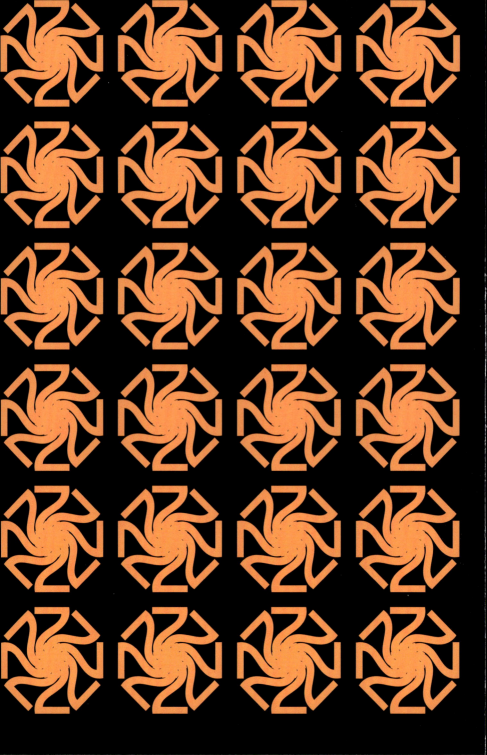

"生活不仅仅是谋生。如果你没有思考生活的习惯，那你可能会人到中年，甚至老年时，震惊地发现自己的人生近乎空洞。"

——玛莎·C.努斯鲍姆（Martha C. Nussbaum）

我们时不时地面临着重大的人生决定：我应该结婚吗？我应该生孩子吗？我应该吃肉吗？还有一些不那么重大的决定：尽管我的旧鞋还几乎没怎么穿，我该不该买一双全新的运动鞋呢？我们对这些问题的回答构成了我们的生活方式。本章的重点就是探讨我们的"生活方式"。

很多时候，在考虑结婚或生孩子的问题时，我们思考的不是该不该的问题，而是时间的问题。我应该现在和对象结婚？我是否到了能照顾一个嗷嗷待哺的婴儿的人生阶段？本章的目的是研究"该不该"的问题：我该不该结婚，我该不该生孩子？（如果该，如何生？）我们还将探讨更多日常活动。大多数人每天都要吃肉和购物，这些活动引发的道德难题是什么？如果我们不吃肉，我们还能吃什么？而"商品"真的像它们表面上看起来那样简单吗？

接下来的课程将说明一件事，那就是所有这些问题都是相互关联的。作为一个素食主义者，不仅仅意味着吃什么食物的问题，它还关系到你买什么衣服和你投票给谁的问题。同样，生孩子的决定可能和工厂化养殖一样，对环境造成很多影响。从亚里士多德到帕特里夏·希尔·柯林斯（Patricia Hill Collins），众多哲学家的作品中都表达了这种思想，即没有存在于真空中的道德关怀。我们在学习下面的课程时要牢记这一点。

第5课　婚姻

结婚的理由数不胜数。你和你的伴侣爱得神魂颠倒，你想通过完成人类历史上最古老的爱情仪式之一，来宣布你对对方的承诺。你们能享受减税——这只是已婚夫妇享有的众多实际好处之一，其他好处包括社会地位的提高和某些法律权利（与遗产和医院探视有关）的获得。更方便获得签证也是结婚的原因之一。如果这些理由还不够，那就再想象一下华丽的婚礼礼服和各种狂欢派对。

这些理由综合起来似乎很有说服力，但单独来看呢? 想象一下，你问一位准新娘为什么要结婚，她回答说："因为有减税优惠。"准新郎补充说："还有我的签证。"嗯? 这两种回答似乎都不符合婚姻的"精神"——这一古老的制度被视为获得实际利益的一种方式。如果你问某人为什么吃苹果，如果他们回答："因为苹果的热量低"，这意味着他们也可以选择吃米糕。如果他们回答说："因为我喜欢苹果的味道! "那你只能说："你开心就好"。

哲学家经常将事物分为内在品质和外在形式，前者至关重要，后者则并非如此。减税、签证、聚会、戒指和美味饼干只是婚姻的外在形式——虽然它们可以成为结婚的理由，但它们也可以成为建立民事伙伴关系①的理由。它们是锦上添花的"附加品"。

剑桥大学的哲学家克莱尔·钱伯斯（Clare Chambers）提出，婚姻是一种制度，人们选择婚姻主要是因为它所代表的意义。撇开附加好处不谈，婚姻本身也有一些被认为是有价值的东西。在她的文章《无婚姻的国家》（*The Marriage-Free State*，2003）中，她写道：

"恋人们可能为了获得各种实际利益而结婚，但在大多数婚姻中，夫妻关系是他们关系的声明中一个重要的方面。对于结婚的夫妇和整个社会来说，婚姻的象征意义至少与它的实际意义一样重要……既然如此，回避这一制度的历史是不可能。婚姻作为一种传统，将其现在的意义与它的过去联系在一起。"

因此，有些人认为婚姻本身是有价值的——因为它的含义——而且，正如钱伯

---

① 　民事伙伴关系，英文为 Civil partnership，是一种类似于婚姻的联合，该联合赋予双方与民事婚姻相似的权利和责任。——编者注

斯所指出的，婚姻的意义是它本身带有一种功能，即推动历史、文化进程，从而产生传统。婚礼仪式便是一个例子，它充分地说明了婚姻创造了丰富的表达方式——一对夫妇可以用象征性的手势和仪式在社会面前宣布他们对彼此的爱和承诺。这些是古代传统的内在本质。

这一切似乎都没什么问题……直到我们开始更仔细地审视这段历史。当我们说"我愿意"时，我们真正进入的是什么？

建立新的传统

在钱伯斯的文章中，她描述了婚姻令人不安的过去。遗憾的是，婚姻作为一种制度，曾经造成了许多侵犯人权的情况——首当其冲的便是女性。从西蒙娜·德·波伏娃（Simone de Beauvoir）到拉尔夫·韦奇伍德（Ralph Wedgewood），许多哲学家和历史学家都描述了从诞生之日起，婚姻制度是如何将妇女视为可供交换的商品的。新娘被视为"讨价还价"的筹码，用来巩固家族之间的有利联系——当然，也是为了家族后继有人。

当然，我们也许认为当下婚姻制度的运行方式已经不再和从前一样了。现在，虽然同性婚姻还没有达到人人都能接受的程度，但也得到了广泛认可。如果妇女愿意，她们甚至可以在婚后拒绝随夫姓！人们也有可能

说，虽然婚姻制度是值得怀疑的历史，但制度是可以改变的。西方的民主制度也曾经剥夺过妇女的选举权，现在不是已经改变了吗？婚姻制度不也可以这样吗？

钱伯斯的核心观点是，大多数人认为婚姻的价值在于其象征意义（而不是附加利益）。他们在乎的是婚姻作为一种传统——有意思的是，这将婚姻制度不光彩的历史推到了前台，这不是一个可以视而不见的问题。

想想整个婚礼仪式从始至终的象征意义。新娘的父亲"赠送"了他的女儿——但在正常情况下，我们只送出我们拥有的东西，而我们往往不拥有人。主持仪式的牧师告诉新郎，他"现在可以亲吻新娘了"，但是新娘的意愿没被考虑——她没有机会拒绝。

那件白色的婚纱呢？它象征着妇女在婚前不应该有性行为。这样的劝诫似乎是不明智的，更不用说不公平了——特别是由于男性不用遵守同样的规则。再想想传统上对同性伴侣的排斥，这与婚礼仪式的异性恋主义是密不可分的。

当人们因为重视传统而结婚时，似乎也就意味着他们重视这些恼人的象征性关联。这就是为什么以克莱尔·钱伯斯和伊丽莎白·布雷克（Elizabeth Brake）为代表的哲学家们建议我们应该重新评估我们对婚姻的态度。

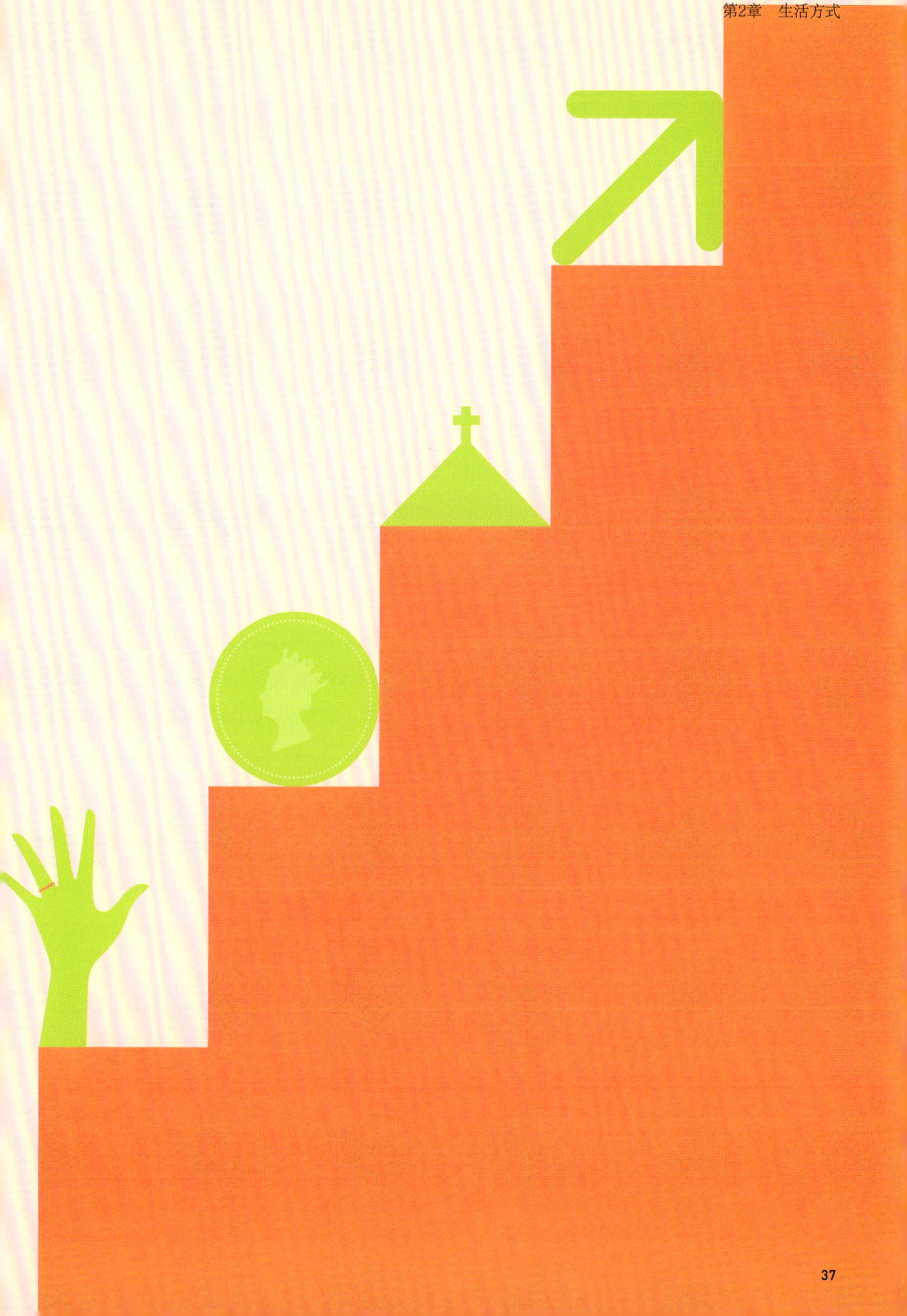

第6课　生孩子

不可否认的是：婴儿有软乎乎的脸和小手，可以说是非常可爱。当然，他们也有缺点——他们不会说话，不会使用马桶，而且容易吐——但总体而言，我们喜欢婴儿。事实上，很多人都非常喜欢婴儿，所以他们要努力生一个。

不难看出，为什么人类如此热衷于生育。首先，从很久以前开始，我们一直都在做这件事。这可能是一种人尽皆知的快乐消遣的产物——而且这也是一种预期。就像死亡一样，生养自己的孩子被认为是人类生活的一个必然部分。结婚生子就是生活的一部分，而且小孩子确实很可爱。

人们喜欢婴儿——而哲学家也自然而然地喜欢讨论他们。

以南安普顿大学的"深入探索怀孕的形而上学含义"（Better Understanding the Metaphysics of Pregnancy）项目为例，该项目自2016年开始，由埃斯里吉·金玛（Elselijn Kingma）领导的课题小组深入研究了怀孕带来的形而上学难题。胎儿是其母亲的一部分吗？卵子呢？这些东西在什么时候成为不同的实体？婴儿在什么时候真正成为生命？

还有人从认识论的角度看待怀孕这件事。怀孕和生育为知识的生产带来了什么困惑？菲奥娜·沃拉德（Fiona Woollard）在她精彩的论文《母亲最清楚》（Mother Knows Best）中，令人信服地提出：经历过怀孕的妇女拥有一种其他人所缺乏的特权知识，这一情况在现象学领域显得非常特别。正如奇特拉·拉马斯瓦米（Chitra Ramaswamy）在她的《期待》（Expecting，2016）一书中所说的那样，没有其他现象能媲美"两个心跳同频共振的神秘生命"。怀孕是一种扩展思维的体验。

关于怀孕的认识论也将我们带入了伦理学的领域。沃拉德文章中的一个核心主张是，由于母亲的独特视角，她们对有关怀孕的政治辩论具有特殊的贡献。这些妇女知道一些其他人不知道的知识，这对堕胎问题的辩论产生了影响。如果你不知道怀孕是什么感觉，你怎么能要求别人违背自己的意愿继续怀孕？男人凭什么对这种事情有意见？

在我们周围，每时每刻都有母亲在分娩，我们很容易忘记这实际上是多么美好和神奇。

存在的问题

婴儿很可爱，而怀孕在哲学上也引人深思。但是，关于婴儿的孕育，是否存在任何伦理上的困惑？哲学家蒂娜·鲁利（Tina Rulli）和大卫·贝纳特（David Benatar），以及同性恋理论家李·埃德尔曼（Lee Edelman）的答案是：存在。

埃德尔曼在他的《没有未来》（*No Future*，2004）一书中提出，我们通常给出的生育理由与婴儿本身没有什么关系。想一想你为什么会想要孕育自己的孩子。你可能会说，婴儿是可爱的。此外，拥有一个儿子或女儿可以给你的生命带来意义，它改变了你对世界的看法。生孩子也是对你伴侣的爱的深刻表达（你如此地爱你的伴侣，你希望你们的基因融合在一起！）。所有这些理由都很好，但这些原因都默认婴儿是工具。也就是说，这个想象中的婴儿被看作是达到目的的一种手段——无论是改善你的生活，还是你伴侣的生活或整个社会的生活。

当我们想到生孩子的时候，我们不禁要从工具性的角度来考虑他们。为什么呢？因为他们并不存在（我们将在第3章中进一步讨论关于存在的问题）。他们的希望和欲望不会影响到我们生育的决定，因为不存在的东西没有希望和欲望。想象一下，一对夫妻告诉你他们将来的婴儿想要什么样的人生——比如说成为一名医生。那你会感觉很奇怪，因为被赋予这些愿望的婴儿根本就还不存在。因此，当涉及生育时，焦点自然就转移到了存在事物（如我们自己）的希望和欲望上。

鲁利鼓励我们花更多的时间来照顾已经出生的孩子。她在《生育和收养的伦理》（*The Ethics of Procreation and Adoption*，2016）一文中指出，有些孩子在等待着被收养或寄养，如果把你为自己尚未存在的后代准备的物质条件提供给他们，那他们的生活将得到不可估量的改善。她提出了一个相对没什么争议的道德原则，即与其把精力花在创造新的人上面，还不如照顾那些已经在受苦的人。这并不难理解：如果你有一个境遇不好的婴儿，而且你又能照顾它，那你为什么还要一门心思地孕育一个全新的婴儿？

对此，人们显然会有不同的意见，但由此引发的问题是十分重要的。为什么你愿意孕育自己亲生的孩子，而不是收养一个孩子？是因为你想要一个长得像你的孩子吗？鲁利认为将你的爱用于照顾活着的人比创造一个新的人更好。那么，在上述这些理由中，有任何一条能驳斥她的道德原则吗？

有些事，
不可为而

你能明知

为之吗？

第7课 食用肉类

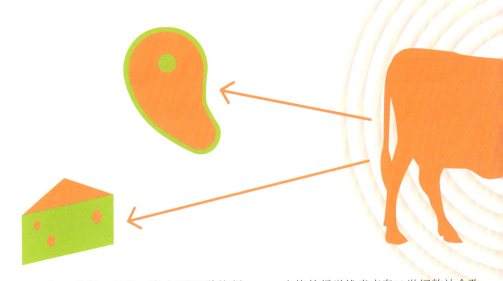

在20世纪70年代，澳大利亚道德哲学家彼得·辛格（Peter Singer）写了一本名为《动物解放》（*Animal Liberation: A New Ethics for Our Treatment of Animals*，1975）的书。它迅速成为20世纪非常知名、非常有影响力的哲学著作之一，原因之一是辛格在书中提出了一个关于汉堡包的观点。

准确地说，这个观点不仅仅关于汉堡包，还关于其他许多美味的食品：鸡块、烤鸭、小牛肉、鱼子酱，肉饼和熏肉。辛格认为我们应该停止食用它们。

辛格的哲学线索来自18世纪的社会改革家杰里米·边沁（Jeremy Bentham），边沁是英国功利主义运动的创始人之一。辛格推崇的功利主义的核心原则是：我们所做的任何事情，应该带来最大的利益和减少最多的痛苦。这是一个相当直截了当的经验法则，对吗？痛苦是不好的——尽量减少痛苦看起来是一个不错的主意。

辛格的主要创新是将这一道德原则与对所谓"物种歧视"的批判结合起来。物种歧视指的是某些物种（如智人[①]）对其他物

---

① 智人（学名：*Homo sapiens*），是人在生物分类中的学名，是生物学分类中人科人属下的唯一现存物种。——编者注

种生命的偏见。像辛格一样，人们很难不被阿尔冈琴族(Algonquin)和因纽皮雅特族(Iñupiaq)文化中盛行的观点所打动，即人类和其他动物一样，都是自然界统一体的一部分。辛格认为，我们没有理由认为自己拥有特权。这一观点在道德领域和其他领域一样适用。

所以，辛格的观点是，非人类的动物不应该被当作"机械装置"（尽管笛卡尔学派这样认为）。它们能感到疼痛，也能感到快乐。它们会受折磨，而它们遭受痛苦的程度关乎我们的道德。当我们在做功利主义的计算、权衡利弊的时候，我们需要考虑到牛和羊以及所有其他可能成为我们晚餐的生物所承受的痛苦。

正如边沁所说："问题不在于它们能不能推理，能不能说话，而在于它们是否会遭受折磨。"辛格认为，答案是肯定的，而且这一点难以反驳。许多人都看过那些令人胆战心惊的纪录片，例如汉堡包的制作过程、鱼的养殖过程、鸡在层架式鸡笼中可怕的生活条件，以及牛的屠宰过程。当然，我们从吃肉中获得了一定的享受——但辛格认为，这种乐趣远远不足以抵消对非人类动物造成的痛苦。

辛格的观点既有支持者也有反对者，

正如他所指出的，他的论点远没有带来他所希望的效果（看看快餐业的持续扩张就知道了）。不过，《动物解放》中所阐述的观点仍然深刻且具有影响力——我们如何轻易地将其他物种的生命排除在我们的道德考量之外，这一思考会令人们寝食难安。

你为什么不做严格素食主义者

素食主义者经常被问到的一个问题是：你为什么不做严格的素食主义者？不得不说，这是一个令人相当恼火的问题。遗憾的是，就像很多恼人的事情一样，这也是一个相当重要的问题。被视为素食主义动机来源的功利主义原则也探讨了这个问题。

乳制品行业——按照辛格的推理——几乎和肉类行业一样糟糕。例如，奶牛只有在生完孩子后才会产奶，所以它们必须每年生一次孩子以保持泌乳量。一年一次！你能想象吗？此外，所有的公牛犊都会被杀死，（最好的结局是）被磨成肉酱。如果我想尽量减少动物的痛苦，我就必须停止饮用牛奶，不再吃奶酪和酸奶。

然而，问题并没有这么简单。严格的素食主义有其自身的问题。严格的素食主义者需要蛋白质——由于他们不吃奶制品和肉类，便会选择吃坚果[1]以获得每日合理的摄入量。但是，坚果行业与肉类和牛奶行业一样容易受到许多问题的影响。以杏仁为例：它们的生长需要大量的水，而大量的引水改道可能（也确实）导致杏仁种植区的大面积干旱。除此之外，并不是所有国家的气候条件都适合坚果种植，所以超市不得不进口坚果——而船只和飞机排放的温室气体会导致全球变暖。

---

[1]　可以吃大豆及豆制品补充蛋白质。——编者注

当你面临太多的道德问题时,不妨记住奥诺拉·奥尼尔(Onora O'Neill)的教诲:"应当"意味着"能够"。我们都想做好人。我们有道德准则,这些准则告诉我们应该做什么。但是,我们应该停止伤害动物的建议只有在我们有可能停止伤害动物的情况下才有意义,我们不能指望人们去做那些不可能做到的事情。

考虑到我们大多数人的生活方式,考虑到我们从商店购买的各种穿的、吃的和用的东西,我们很难(即使并非不可能)确定动物是否在这些商品的制造过程中受到了伤害。绘制出生产三明治或巧克力棒的因果链是一项艰巨的工作——这根本就不现实。

然而,这并不意味着我们应该就此放弃。杰出的哲学家鲁斯·巴坎·马库斯(Ruth Barcan Marcus)在《道德困境与一致性》(*Moral Dilemmas and Consistency*, 1980)一文中提出了一个"二阶调节原则"(second order regulative principle)。这个原则认为,试图满足所有不同的道德要求(即使这不会带来绝对的冲突,也将导致道德上的倦怠)是徒劳的,并且我们有责任让自己保持让这些问题得到解决的立场。虽然你不想成为动物无谓痛苦的根源,但你只有有限的资源来防止这种情况发生。她认为我们应该明智地利用这些资源。我们应该运用实际的判断力,使自己的道德实践具有可持续性。

过一种有道德的生活并不只是判断哪些事情应该做、哪些事情不应该做,它是围绕这些道德目标建立生活方式的问题,而且并非所有的目标都能立即实现。你可能认为做严格的素食者比简单吃素的人更好,但在最终实现这一理想之前,你可能需要花一些时间研究能够替代牛奶而且味道还不错的燕麦制品。

第8课　购物

"最初一看，商品好像是一种简单而平凡的东西。对商品的分析表明，它却是一种很古怪的东西，充满形而上学的微妙和神学的怪诞。"

这是马克思的话，不是那个演员格劳乔·马克思（Groucho Marx），是卡尔·马克思。他说的商品是指 iPad、沙发、飞盘和新奇的帽子、健达奇趣蛋（Kinder Eggs），以及那些你在健达奇趣蛋中得到的小人偶。他说的是商品——那些我们放在家里、车上和工作场所的日常用品，它们都是商品。

马克思，这位于19世纪在普鲁士出生的哲学家和经济学家，花了大量的时间来思考这些表面上看起来普普通通的东西。上面这段话出自他的巨著《资本论》（1867）的第一章。在这本书中，他深刻分析了资本主义生产方式，揭示了资本主义社会发展规律。这是一部厚重的巨著，充满了新颖的思想——但为了本课的讨论，我们只是了解一下他对这些所谓的"微不足道"事物的看法。

简单地说，商品是你可以购买的通过人类劳动生产的东西。这概念很模糊，对吗？商品既包括杯子和碟子，也包括计算机程序，以及更抽象的东西，如管理顾问的一个小时咨询服务或去马尔代夫的度假套餐。

根据马克思的观点，商品有两种不同的属性。一方面，它们有"使用价值"，像木勺这样的东西，它的使用价值与你能用它做什么有关（比如用它来搅拌）。另一方面，它们还有"交换价值"。你可以用一把勺子换到什么东西？过去，我们可能会用一把雕刻精美的勺子来交换一只鸭子或一堆萝卜。现在，我们更有可能在办公室辛勤工作一两个小时来赚取足够多的货币。通过劳动你得到了一定的报酬，之后你用赚来的钱去买一把漂亮的勺子。

在资本主义经济中，商品的核心是这两种价值中的后者。资本家对物品是什么或物品的用途并不特别感兴趣，而是对它能交换什么以及它是否能赚到钱感兴趣。市场就是为了这个目的而生的，这或许就是为什么市场上有这么多东西的原因。

马克思认为，最初一看商品似乎简单而平凡。以本书为例：你见过其他类似的书，不管其内容如何，作为一个物体，它可能不会对你有任何特别的吸引力。你当然不会认为书是一个奇怪的东西，桌子、椅子这一类的东西也是如此。我们认为商品是平淡无奇的日常物品。

然而，马克思继续说，这些东西充满"形而上学的微妙和神学的怪诞"。它们比表面上看起来要神秘得多。他希望通过"商品拜物教"的概念来表达这种思想。

"拜物教"的概念是来自民族学和人类学的话语。它指的是某些物品——如图腾或符咒——被视为拥有超自然的力量。但是商品可能拥有什么样的力量？我们的财产拥有什么神奇的魔法？

49

树木

帷幕之后

像所有神奇的魔法物品一样，商品似乎也是凭空出现的。大多数时候，我们在货架上看到它们，仿佛它们就这样突然出现了。当然，我们知道商店里的商品是商场进的货，但我们很少再做更进一步的思考。在正常情况下，我们与商品的生产者完全没有联系。我们看不到他们，当然也不会与他们直接交换东西。萝卜换木勺的时代早就过去了。事实上，在很多时候，每种商品(比如你的数字手表)都是由大量的人合作生产的，这些生产者彼此几乎不见面，更不用说相互交谈了。

想一想制作本书所使用的各种材料，比如纸张、将纸张变白的漂白剂、粘书脊的胶水、塑料，或使其具有光泽的光膜。所有这些材料都有不同的来源，但我们却把书作为一个单一的、统一的物体来对待。事实上，本书设计成现在的样子，制造商已经费尽了心思，让其看不出任何生产的痕迹。

我们并没有把书籍看作人造物品。当你阅读本书时，你不可能想到我坐在书桌前码字，也不可能想到我得到了多少报酬。你不可能想到设计师、编辑、印刷商和出版商的工作条件，或者是那些种植树木用于造纸的林农，或者是那些研制颜料以制作油墨的化学家。书籍背后的这些事实被很好地隐藏起来——这就是商品的魅力所在。我们没有把它们看作是人类劳动的产物。我们不会去考虑制造它们的人，也不会去思考这些人的境遇。

说到底，"商品拜物教"并不是一种特别令人印象深刻的魔术。这就像大卫·科波菲尔(David Copperfield)的魔术一样，生产者实际上并没有消失——这只是灯光造成的幻觉，剥削性社会关系仍然存在。

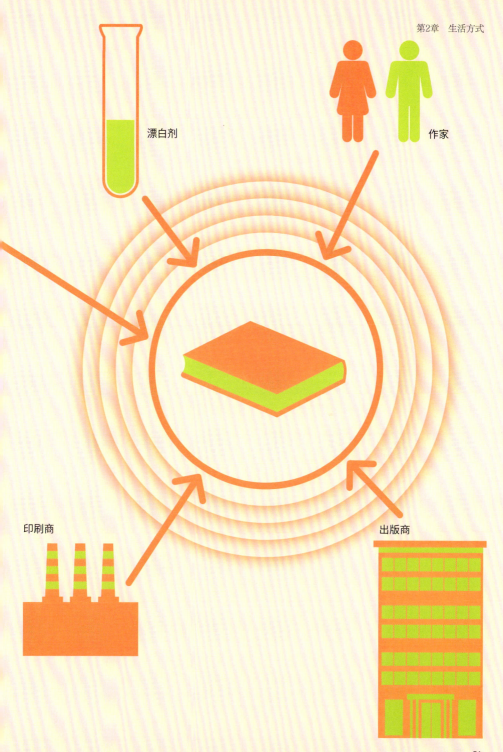

漂白剂

作家

印刷商

出版商

工具包

05

　　婚姻制度有一段不堪的历史。如果我们把它作为一种传统来庆祝，那么就很难忽略它不光彩的过去。

　　思考点: 任何传统都有不光彩的过去吗?

06

　　生孩子是一种美妙的、拓展思维的体验，但照顾好已经出世的孩子而不是孕育新的孩子或许是一种道德原则。

　　思考点: 这是否意味着人类应该停止生孩子?

07

　　动物承受的痛苦促使我们改变自己的饮食习惯。为了避免被道德要求所"淹没"，我们需要认识到自己有限的个人资源，并合理地利用它们。

　　思考点: 我们是否有充分的理由让自己不再关心不公正的事情?

08

　　由于专注于商品本身而不是生产商品的方式与手段，我们往往忘记了我们日常购买的许多物品都是剥削性劳动的结果。

　　思考点: 为了更合理地购买商品，你需要做什么?

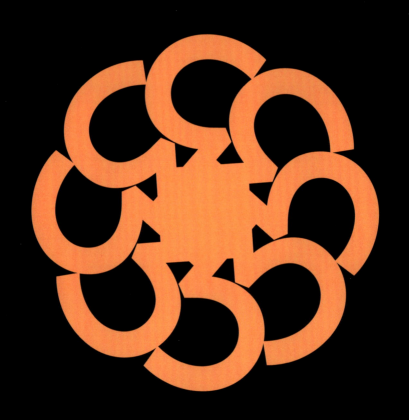

第3章

自我成长

"我们用并非由我们选择的词语塑造自己，然而，有时我们不得不拒绝使用这些词语，或积极开发新的词语。"

——朱迪思·巴特勒（Judith Butler）

你认为你到底是谁？更准确地说，你认为自己到底是什么？在这一章中，我们将探讨我们认为自己是哪种人。我们是动物吗？是人吗？是自我吗？我们还将研究我们面临的一些问题（死亡是一个大问题），并研究我们该如何应对这些问题。

通常情况下，如果你听到一个英语国家的哲学家谈论自我和人格，那他们是在做"人格同一性"（personal identity）的辩论。这一思想流派起源于17世纪的哲学家和医生约翰·洛克（John Locke）。洛克想知道，像他自己和他在皇家学会的伙伴们这样的生命要怎样才能在空间和时间中生存。这就是第9课"活着"的重点。

然而，正如我们在接下来的课程中所看到的，洛克的立场只是众多立场中的一个。我们将了解佛教对自我（以及无我）的看法，和儒家关于如何建立真正自我的描述。我们将剖析关于"自然"的人的概念，以及人本能的愿望和欲望。在第11课中，我们还将研究伊壁鸠鲁学派（Epicureans）和斯多葛学派（Stoics）是如何看待自我死亡的，同时探究死亡到底是什么。在最后一课"死亡与税收"中，我们将看到一个既离散又统一的选择存在：自我，以及这一概念如何在"自由主义"政治中发挥作用。

如果你容易出现存在主义焦虑，或者害怕海洋的感觉，这一章可能不适合你阅读。本章论点的副作用包括：头晕目眩、对本体论的困惑，以及偶尔的自我迷失。

第9课　活着

虽然这话有点难以启齿，但是你终将死去。我们所有人都会死。但是，我们说的"会死"到底是什么意思？它是否意味着"消失"？这是一个奇怪的想法，值得从哲学的角度进行深入的探讨。

幸运的是，英国哲学家约翰·洛克在他的《人类理解论》(*Essay Concerning Human Understanding*，1689)中正好研究了这个问题。在第二卷第27章中，他阐述了什么是我们的"延续条件"——即我们若要继续生存，必须满足的标准。

现在，我们很容易列出我们生存的具体条件。例如，我们不能被倒下的钢琴压死，我们不能饮用致命的毒药，我们必须防止自己的头被砍掉。然而，洛克并不想列举我们可能死亡的所有方式。那会很无聊、很可怕，而且没有穷尽。相反，他想知道生存的必要条件是什么。中毒、斩首和被钢琴压死（等等）有什么共同点？

为了回答这个问题，洛克说，我们需要思考我们是什么样的人。当然，他认识到我们可以成为各种各样的人——护士、裁缝、士兵、学生等。但是很显然，我们换一份职业也照样可以生存，所以他说，我们应该从本质上确定你我都是什么样的人。

也许，归根结底，你是一个人类——是一种特殊的动物，是智人这个物种，也许你的生存事关人类动物的延续问题，或者也许你是一个不朽的灵魂，假设只要这个特定的非物质的灵魂持续存在，你就会持续存在。

归根结底，洛克声称我们从根本上说是人。人是一种"有思想的智能生物，它有理性，能反思，并能把自己认作是自己，是一个在不同的时间和地点思考着的东西……"它是一个具有自我意识的、理性的、思考的实体，在时间和空间上持续存在，我们也可以称其为"一种意识"。

此外，洛克指出我们如何检查连续的意识：他认为我们应该关注一个人的记忆。如果有一个人拥有你的记忆，并以第一人称视角记得你做过的所有事情，那么这就表明这个人就是你的坚实证据。

你的生存不是某个人类动物持续存在的问题，而是一个单一的、有思想的人在空间和时间中持续存在的问题，这一点得到了持续经验记忆的证明。

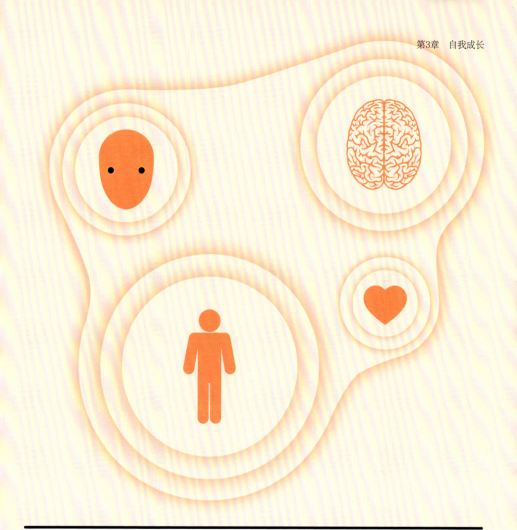

为了支持他的观点，洛克和他的追随者讲述了一些故事。在这些故事中，像你和我这样的生命似乎因为持续的意识而在身体或灵魂的变化中幸存下来。新洛克主义的经典是哲学家西德尼·舒梅克（Sydney Shoemaker）在他的《自我认识与自我同一》（*Self-Knowledge and Self-Identity*，1963）一书中讲述的大脑移植的故事。想象一下，我取出你的大脑，把它放到另一个准备好的脑袋里，醒来的病人可能长得不像你——因为不是同一个肉身——但却有你所有的记忆和你所有的性格特征，所以两者是同一个人。舒梅克说，你认为你在手术中幸存下来了吗？如果你认为是，那是因为你把自己认定为一个特定的意识，一个特定的思维事物。目前站在你所在位置上的人类动物，只不过是你的容器而已。

别忘了还有记忆

大多数时候，当谈到人的死亡时，我们并不真的需要哲学来告诉我们发生了什么。如果你被一架钢琴压死了，那人们不会去找一个形而上学家，而是会去找一家殡仪馆。这是因为我们总体上认为，肉身(human animals)的死亡与人格(persons)的死亡相吻合。当心脏停止跳动和脑死亡发生时，一种特定的意识也会停止。

但也有一些棘手的案例。抛开那些古怪的哲学幻想(大脑移植、性格下载、心灵传送等)不谈，我们可以讨论更乏味、更麻烦的故事，这些故事让我们去追问我们如何认识自己，以及我们存在的条件。

现在假设有一个名叫哈米德的人，我们来思考一下他的一生。哈米德一开始是个胎儿，然后成长为一个可爱的婴儿。之后，他成长为一个调皮的幼儿，然后成为一个有思想的少年和一个聪明的年轻人。他一天天老去，遗憾的是，在他七十多岁的时候，开始患上了痴呆症。在他八十岁生日那天，哈米德感染了肺炎，陷入医学上的昏迷状态。不久之后，他的生命机能停止了，他死了。我们认为，这是一个完整的人生。

然而，在洛克学派的人看来，哈米德的生命只存在于其中的一部分时间。记住，洛克认为，从根本上说，人是有思想的生物。但还是一个胚胎的哈米德有自我意识吗？哈米德有关于自己母亲子宫的记忆吗？那么，当他患上痴呆症后呢？他不记得自己是谁，也不记得自己的家人。他的性格发生了巨大的变化。他还是少年时的那个人吗？洛克学派的怀疑不无道理——这似乎是对一个微妙的、令人不安的、司空见惯的情况的奇怪且强硬的回应。如果这个人能够挺过痴呆症，那么是否也能挺过昏迷状态呢？然而，哈米德再也未能从昏迷中醒过来。

有很多案例——从失忆症到植物人——都在挑战洛克学派的人格同一性理论。我们认为，意识是一个人存在的重要部分，但它是最本质的部分吗？你对这个问题的看法会产生深远的影响。例如，在堕胎问题的辩论中，你或许会认为能否堕胎与我们在本质上是肉身(在受孕时就已存在)还是人格(在更晚的时候才存在)有关。当你在立遗嘱时，你最好说清楚如果自己最终陷入不可逆的昏迷状态时，希望得到怎样的治疗。

大多数时候，我们不需要哲学来告诉我们发生了什么——但有时哲学分析有助于我们理解我们想做什么，我们希望他人如何对待我们，以及这一切背后的原因。

第10课　真正的我

"自我成长"是如今非常流行的一个词语，相关行业的发展如日中天。所有的媒体都在鼓励我们通过购物、减肥、微笑、清理肠道等等各种方式来提升我们的内在自我。当然，所有这些书籍、电视节目和应用程序都是有帮助的，但他们到底在帮助什么？是你的自我吗？某个满怀希望、梦想和欲望的明确的你？

在上一课"活着"中，我们研究了人格。我们探讨了这样一个想法：有一些你认为是自己的本质——一个"真正的我"，一个能意识到"自己"存在的生物，能思考、有意志、会做决定、有愿望、有需要等。这是一种颇具渊源的思想。它吸引着我们，赋予我们意义。

但如果这些都是胡扯呢？如果真正的、实质性的自我或指导你行动和产生欲望的人格并不存在呢？如果当你看向内心深处时，你发现什么都没有呢？

所谓"真正的我"并不存在，这并不是一个新颖的想法。一些关于"无我"的复杂的讨论来自佛教，最早可以追溯到公元前4世纪。

对自我的批判不仅限于佛教。以马塞尔·莫斯（Marcel Mauss）和凯瑟琳·海尔斯（N. Katherine Hayles）为代表的社会学家和哲学家都证明了，对"主权自我"（sovereign self）的强调是如何在社会文化上找到定位的。我们对自我的迷恋是一种特殊类型社会的产物。更确切地说，政治学家麦克弗森（C.B.Macpherson）认为，"自主自我"（autonomous self）的想法之所以如此突出，是因为它在政治自由主义中的地位（我们将在第12课中讨论这一点）。

让我们深入思考一下。将视线转向内心，看看你是否能看到自己。使你成为你的东西是什么？那里真的有一个连续的实体吗？或者它只是一连串的想法？让我们再看得更深一些。你的希望和梦想是否只是短暂的想法？它们从何而来，你为什么拥有它们？你所拥有的希望是自己的选择吗？

现在你感到头晕了吗？

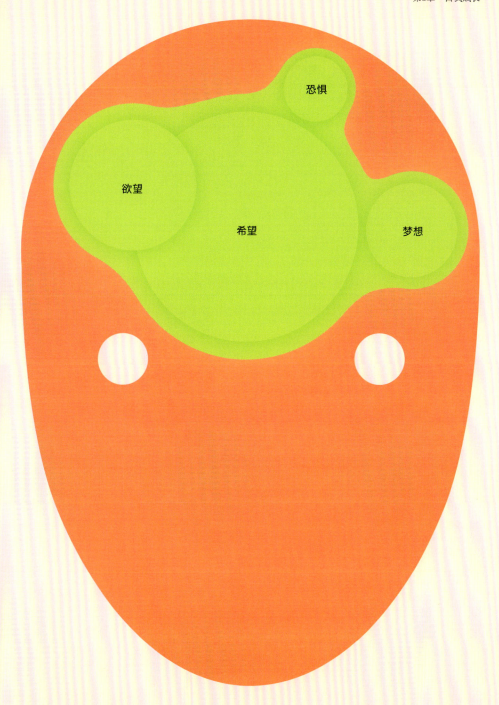

为自己建立自我

在谈到自我时，我们应该稍微谨慎一些。也许你所认为的真正的自我实际上不过是一连串后天习得的行为、化学诱导的情绪和"刺激—反应"模式[①]下的行为而已。身体有一些体验——冷、热、疼痛、快乐等。我们与事物互动并做出反应，但我们的反应并不比那些向太阳倾斜的水仙花更有自我意识。

如果你对这些想法感到担忧，你可以在中国哲学家孔子的教诲中找到一些慰藉。

孔子认为，我们根本上只是混乱情绪的集合，不存在一个指引性的"自我"来指挥生活。对于这些观点，我们并不陌生，但是在《论语》中，孔子也表明了我们有潜力建立自我。[②]

具体怎么做呢？第一步是挑战习得的行为。我们生活的大部分时间都在按照标准的"刺激—反应"模式行动。例如，想想上次有人问你感觉如何时，你的回答可能是"很好"。你和别人闲聊时是否经常谈到天气？你还有什么其他的习惯？你上一次与人进行真正的交流是在什么时候？孔子呼吁我们通过履行仪式来反思这些行为。正如克莉丝汀·格罗斯－罗（Christine Gross-Loh）和迈克尔·普伊特（Michael Puett）在《道路：中国哲学能教给我们的幸福生活》

---

① "刺激—反应"模式最早由美国心理学家约翰·华生（John B. Watson，1878—1958）在20世纪初提出，用于描述生物个体对外界刺激的反应。——编者注

② 《论语》原文为：子绝四——毋意，毋必，毋固，毋我。——编者注

（*The Path：What Chinese philosophers Can Teach us about the Good life*，2016）中所说：

仪式——在儒家看来——是变革性的，因为它们让我们在一瞬间成为一个不同的人。它们创造了一个短暂的替代现实，使我们在之后回到稍稍不同的常规生活。在一个短暂的时刻，我们生活在一个"假设"的世界里。

仪式不是强化限制性的习惯，而是让我们通过角色扮演打破某些传统。

让我们以仪式性禁食为例。这种行为在许多宗教中都很常见，其背后有各种各样的缘由。这种饮食上的限制都会使你处于比自己更不幸的人的位置。这是一个假设的场景，你在禁食期间表现得如同自己没有足够的食物可吃一样。于是，一日三餐顿顿都能敞开吃，成了你梦寐以求的事。禁食的仪式挑战了日食三餐的传统，并鼓励你更多地思考这种习得的行为。通过履行这种仪式，你从早已习以为常的生活中"惊醒"。你被鼓励去关注，真正地参与某些事情。你积极地做出决定，你不再是一朵水仙花。孔子认为，在这样做的过程中，你开始建立自我。①

――――――――

① 《论语》原文为：子曰："知之者不如好之者，好之者不如乐之者。"——编者注

你所拥有

你自己选

的希望是
择的吗?

第11课　应对死亡

你害怕死亡吗? 别担心, 我们大多数人都害怕死亡。不管你对人类的延续有什么看法, 你很难不害怕自己会一命呜呼。对于那些不相信有来世的人来说, 这种恐惧似乎特别强烈。

对柏拉图来说, 哲学是一种帮助人们面对死亡的实践。它是一种智力传统, 使你能够接受终会到来的死亡。在柏拉图死后的一个多世纪, 雅典哲学家伊壁鸠鲁因努力发扬柏拉图的观点而名声大噪。当面对死亡的巨大恐惧时, 伊壁鸠鲁的建议是冷静下来——理性地思考。他在写给朋友梅诺埃修斯(Menoeceus) 的一封信中表达了自己的观点。

思考以下论点: 死亡就是湮灭。当某物死亡时, 它就被消灭了。也就是说, 它不存在了, 什么都没有留下。活着的事物, 比如你和我, 没有被湮灭——否则我们就不会活着。因此, 似乎可以说, 死亡(也就是湮灭) 并不影响活人。因此, 死亡对活人来说不可能是坏事, 因为活人并没有经历过死亡。

而且——听好了——死亡对死人来说也不是坏事! 因为如果对一个人来说, 虽然某件事情是坏事, 但至少这个人存在, 而死人已经不存在了, 他们已经被消灭了。因此, 伊壁鸠鲁认为, 死亡对生者和死者都没有坏处。

在伊壁鸠鲁之后一个多世纪, 罗马诗人卢克莱修(Lucretius) 出现了, 他为这一推理提供了一个补充, 称为 "对称论证"。在《物性论》(*De Rerum Natura*) 中, 卢克莱修指出, 由死亡导致的不存在状态在性质上类似于与出生有关的不存在状态。他指出, 既然我们几乎没有花时间去担心出生前的事情, 那么担心死后也是无意义的:

回头瞧瞧, 那些我们出生之前的永恒的时间的过去的岁月, 对于我们是如何不算一回事。并且自然拿这个给我们作为镜子, 来照照我们死后那些未来的时间。难道里面有什么东西显出可怕? 难道这一切中有什么东西那样悲惨? 难道它不是比任何睡眠更平静更好?

根据这些古代哲学家的说法, 恐惧死亡是完全不符合逻辑的。那么, 为什么它仍然让我们感到不安呢?

诞生

存在

死亡

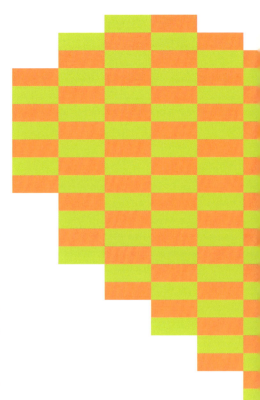

一张废纸

"她死后，我不再想活下去，也无法从哲学的枯燥叙述中找到任何安慰，那时的哲学就像一张废纸。"

这是18世纪哲学家珍妮·哈里（Jenny Harry）在谈到自己妹妹死亡时说的话。她所提出的观点非常重要。即使我们在伊壁鸠鲁和卢克莱修那里找到的论据能帮助我们面对自己的死亡，但当涉及所爱之人的死亡时，它对我们的安慰作用很小。对称论证或许很好，甚至在抽象意义上也很有说服力，但它对失去亲人的家庭成员来说却没有什么安慰效果。在这些情况下，哲学不过是"一张废纸"，毫无用处。

事实上，用哲学论文来对抗这种痛苦的想法是让人难以接受的。当父母或兄弟姐妹去世时，我们感到悲痛是完全正常的。那些认为我们应该试图用理智来摆脱悲痛的想法反而很奇怪——哲学家建议人们可以这样做是非常傲慢无礼的。所爱之人的死亡不能像等式一样被消解，它不是一个有待解决的难题。

哈里写道，哲学最多能够做到"让人的思想处于冷漠的状态"。她似乎指的是古希腊斯多葛学派倡导的"冷漠"（apatheia）思想。

斯多葛主义是古希腊哲学的一个流派，目前正在回归哲学舞台（国际上有"斯多葛周活动"，甚至还有一个叫作"斯多葛"的会议）。冷漠是其核心哲学原则之一，其观点是：你应该养成冷漠的习惯，以免受不良情绪的影响，从而保护自己的安宁。

不难理解，哈里对这种策略并没有什么好印象，理查德·索拉布吉（Richard

Sorabji）也是如此。他在《情感与心灵的平静》（*Emotion and Peace of Mind*，2000）一书中，以同样的理由批判了斯多葛主义。索拉布吉说，斯多葛主义者认为我们应该培养冷漠的态度，因为在大千世界中，没有什么是真正的善或恶，只从一个特定的角度来看会更胜一筹。

"[但是]最好是把我们所爱之人的福祉当作意义非凡的事来对待，而不只是正确的选择，如果斯多葛派是对的，这意味着招致损失和悲怆的风险……"

也许冷漠能保护我们免于悲怆，但正如索拉布吉所指出的，其代价很高。哈里在寻找可以安慰自己的东西，从而帮助她看到生活的意义——但她从哲学中能找到的最好的东西就是冷漠。冷漠使我们远离了痛苦的情绪，但也使我们远离了快乐和安慰。虽然不是每个人都想选择这条道路，但哈里成功地引起了人们对哲学的关注，因为这种关注常常集中在哲学枯燥的理性应用的有限性上，往往是枯燥的。

第12课　死亡与纳税

在这个世界上，除了死亡和税收，没有什么事情是确定无疑的——这句话是美国政治家和哲学家本杰明·富兰克林说的。人们有时还会说，两相比较而言，死亡还要更好一些。

财产税、消费税、遗产税，我们的食物、房屋、衣服、假期，甚至死亡都要缴税。生活的几乎每一个方面都需要我们缴税，且通常数额不菲，所以人们对于提交报税表这件事没什么兴趣也就不足为奇了。我们总是小心翼翼地节省开支，所以当税务人员来征税时，我们就会感到有点儿不舒服。我们觉得，税收是一种财务限制，是对我们生活的限制。

如果你认为税收过高，政府干预太多，那么你可能就是政治哲学家所说的"政治自由主义者"（political liberal）。

"自由"这个词有不同的含义。它可以是"思想开放"的意思，例如，"说到育儿，安妮塔非常开放"——这表明安妮塔在育儿方面的做法是非传统的。"自由"也蕴含着"慷慨"的意思，例如，"自由地使用烧烤酱"。然而，如果你说自己是一个政治自由主义者，这意味着你认同一个特定的政治传统，一个在18世纪美国和法国革命期间和之后在全球范围内产生广泛影响的传统。

奎迈·安东尼·阿皮亚在文章《自由主义、个性和身份》（*Liberalism, Individuality, and Identity*，2001）中阐述了影响这一传统的哲学思想。以约翰·洛克的作品为基础（见第9课），自由主义（liberalism 或 libertarianism）的特点是注重个人自由和平等。

自由主义者认为，只要不对另一个人的自由产生负面影响，每个人都应该自由地做他们想做的事。如果你早餐想吃甜甜圈，那就吃吧！但如果你想偷邻居的东西，那可不行。

自由主义还默认每个人与其他任何人都是平等的。但究竟在什么方面平等呢？在尊严上。作为人类尊严的拥有者，我们每个人都有权得到同样的尊重。阿皮亚说："我们都以同样的方式来到和离开这个世界，我们都有同样的尊严，所以在我们当中不应有人拥有比其他人更多的尊严。"

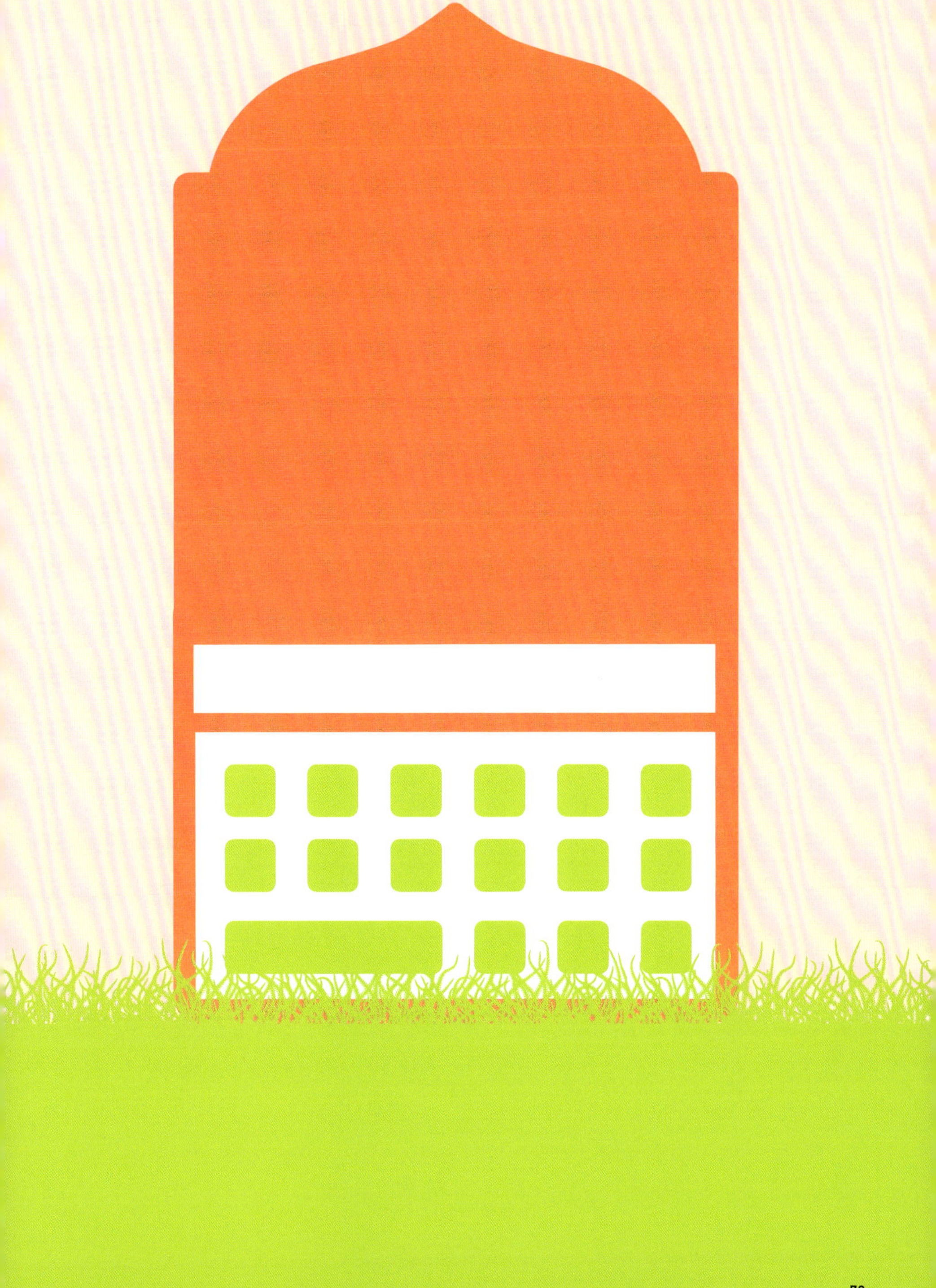

自由地审视自己

"如果要用一个词来形容当今工业化国家中选举政治辩论中达成的共识，那不如说是自由主义"。

也许阿皮亚的主张解释了我们对纳税的普遍厌恶——然而，即使是政治自由主义者也认为，出于监管目的的税收是必要的，例如为警察和司法等部门提供资金。

反思一下，我们可能认为国家也可以因为其他服务向我们征税，例如国家医疗服务。这是一个好的想法，尽管它不是自由主义国家的义务。国家福利也是如此，它保护那些无法保护自己的社会成员。然而，政治自由主义者认为这不应该是国家的工作。如果一个人想私下给慈善机构捐钱，这当然没问题，但这应该是他们的个人选择。

在《自由主义、个性和身份》中，阿皮亚质疑了一些人可能认为是自由主义自私的一面。他的反对意见源自形而上学和政治讨论。

还记得约翰·洛克吗? 在第9课中，我们看到他如此痴迷于人格的概念。在他的《人类理解论》中，他把人理解为一个单一的、独立的实体，有自己独特的欲望。洛克说，人格之间没有任何模糊地带，你是你，

我是我，两种人格永远不会相遇(从形而上学的角度来说)。

阿皮亚和本章中的其他一些哲学家一样，对洛克的理论持谨慎态度。他借鉴了米歇尔·福柯(Michel Foucault)和查尔斯·泰勒(Charles Taylor)的研究，认为每种人格、每个自我都是在"对话"中创造的: 通过与他人——朋友和家人，以及更广泛的社会——的对话。阿皮亚说，自我"并不是独立于我们所处的人类世界的某种真实的内在本质——而是我们从幼年开始与他人不断互动的产物"。

想一想你的个人抱负。它们从何而来? 是你自己想出来的吗? 还是在与父母、老师和朋友的交谈中形成的? 是通过书籍、电影、音乐? 还是通过社会上的其他成员? 一个拥有一整套与世隔绝的欲望的独立的人格，是洛克的观点，也是政治自由主义的核心，但它从形而上学角度看是混乱的。你的身份，你的自我意识与你的同胞身份是密不可分的。因此，阿皮亚说，自由主义者认为自我优先于社会的观点是拙劣的。

这可能不会使纳税这件事变得更容易接受，但它至少从形而上学角度上看使纳税更加合乎逻辑。

工具包

09

　　新洛克主义者声称，我们是人格，或者说我们是意识。"动物主义者"则认为，从本质上讲，我们是人类动物。

　　思考点:如果说我们在本质上同时是两种不同的存在，这种说法有什么不对吗？

10

　　孔子建议我们可以通过履行仪式的方式来建立自我。

　　思考点:是否有可能提出"人没有本我"的说法？

11

伊壁鸠鲁认为，如果你死了，你就不可能经历痛苦，所以你不应该害怕死亡。这种试图将我们的情绪理性化的尝试令人不满。

思考点: 对无神论者或相信地狱的人来说，死亡会更可怕吗?

12

政治自由主义重视个人自由和平等。

思考点: 有没有可能出现这样的情况: 某人享有的某些自由的权利(如言论自由) 与追求平等社会的目标相冲突?

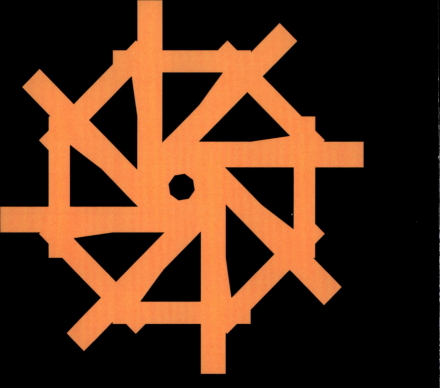

第4章

社会

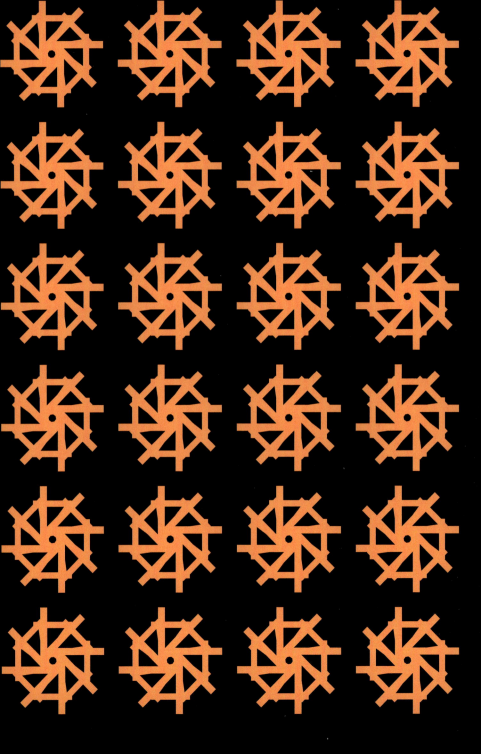

"一个社会成功与否，主要应根据该社会成员所享有的实质性自由来评价。"

——阿马蒂亚·森（Amartya Sen）

人类是社会性动物。我们与其他人类生活在一起——在同一个屋檐下、同一条街上、同一个村庄或城镇里，我们的生活紧密地联系在一起。我们建立了长期的关系，相互依赖以获取食物和住所，同时也会相互帮忙解决生活中的问题。我们生活在一个社会中，本章的主题正是这个奇特的实体——"社会"。

最低限度上讲，社会是由人组成的团体。更多时候，这个群体是由更多的其他群体组成的。很多社会都是由许多小的社区组成的，例如，按照宗教或地理界线划分的社区。第13课"群体心理"的重点是我们划分群体界限的方式。有些群体是否比其他群体更"自然"（natural）？国籍是合理的群体划分方式吗？根据生物性别或种族来划分人群有意义吗？

很多时候，我们并不研究我们为何要以某种方式划分人群，这似乎是必然的，直到我们将哲学引入其中。哲学家试图研究这种分组背后隐藏的原因。在"俱乐部规则"一课中，我们将研究组织社会的无形法则——塑造我们生活方式的文化背景，或"意识形态"（ideology）。

我们还将研究，作为社会成员的我们是如何发挥作用的。你或许以为你只需要对你自己有意识采取的行动负责，但是我们能作为一个群体来承担责任吗？在"弥补过失"一课中，我们将研究认为我们可以的理由。最后，在第16课中，我们将研究作为一个全球社会，我们的集体行动是如何危及地球的，以及为什么相信正在发生的气候变化比不相信更好。

与以往一样，我们并不是希望解决这些问题，而是希望对它们引发的问题进行进一步的提问，本章将以其中的困惑所引出的更多的困惑来结束。

第13课　群体心理

还记得在学校里，每个人都是如何分成各种小团体的吗? 比如，酷孩子、书呆子和爱运动的孩子。那时，这些界限似乎是不可逾越的，任何试图越界的人都会惹上麻烦。随着年龄的增长，这些团体之间的界限变得不那么清晰了。你可以是一个热爱体育的书呆子，做书呆子也可以是件很酷的事。在学校形成的小团体开始显得不固定。

不过，即使在成人世界中，我们也喜欢将人分组，例如，按照国籍。国籍似乎是一个比"书呆子"更有实质意义的划分基础，因为一个国家的国民资格具有法律基础，而书呆子群体的成员资格则没有。还有其他一些看起来更可靠的分组方式，比如按照性别来划分。我们还根据种族对人进行群体划分。许多社会群体似乎是生物学特征的直接反映。人们长期以来一直认为，男女之间以及不同种族的人之间存在着明显的生物差异，按照这些差异进行分类是自然而然的。因此，种族和生物性别是哲学家口中的"自然种类"。

按照柏拉图的说法，将实体归类为"自然种类"，就是"在关节处划分自然"。在他著名的(也是可怕的) "屠夫"比喻中，世界上确实存在着接缝——自然哲学家的任务之一就是找到它们，并相应地将事物分开。这也是康德(见第2课) 在其论文《论不同人种》(*On the Different Races of Man*，1775) 中的一个理想。这篇令人反感的文章试图将人类划分为不同的"生物学"种类，并将不同"种族"归入他所认为的自然"等级"中——白人居于首位。

正如你所看到的,种族分类——所谓的种族群体之间的区别——很容易模糊成种族主义,也就是种族群体的等级制度,这一点令人无奈。

许多人批评康德提倡的种族等级制度,这是正确的。但越来越多的哲学家也开始对他主张的种族本身就是"自然种类"的观点提出了质疑。我们可以尝试探讨一个被称为"生物学哲学"的概念,其中的一个核心问题是:"生物种类实际上是自然的吗?"就生物性别和生物种族而言,答案并非如此。

生物学哲学家理查德·陆文顿(Richard Lewontin)从科学的角度质疑了种族的概念。他认为,人的标准种族标记确实有一个基因基础——但仅此而已,因为皮肤和头发的颜色是特定基因结构的结果。事实上,

从来没有人发现过区分种族的基因,即不存在某种基因只被一个种族全体成员所拥有,而其他种族则完全不具备。分析还表明,种族内部的基因变异程度比种族之间的变异程度要大得多。当然,种族内部也有一些基因上的相似之处(例如,地中海地区的居民比芬兰人更容易患镰状细胞贫血症),但这些都是例外而不是常规。

此外,对于想要研究种族的生物学家来说,还有一个概念上的问题。为了找出哪些遗传因素将一个种族的成员联系在一起,你必须首先挑选出这个种族。但如果我们不知道其成员是谁,我们又如何能挑选出种族?正如内奥米·扎克(Naomi Zack)在她的《种族的伦理与风俗》(*The Ethics and Mores of Race*,2011)一书中所说:"种族"这个词

是模糊不清的，有时是指肤色，有时是指肤色和族群历史，有时是指生物学和谱系，有时是指文化本身或文化与其他因素的结合。

简而言之，生物学家没有确定的基础来开展研究。

我们是否应该区分种族

鉴于生物学上的未知之谜，我们是否应该完全废除"种族"的概念？它在科学上没有实质意义，而且会导致种族主义，所以也许我们应该把它和其他过时的科学观念（如燃素说[①]、地平说[②]）一起扔进垃圾堆里。

这正是在某些自由主义圈子中盛行的"无肤色偏见原则"的支撑依据。这一原则指出，无论是招聘员工还是寻找灵魂伴侣，"种族"都不应该成为我们决策中的因素。种族歧视不应该在我们的公共、职业或私人生活中占有任何位置。

无肤色偏见原则的目标或许是有价值的，但人们有充分的理由对其保持警惕。首先，虽然种族在生物科学中可能是一个静态概念，但它是我们社会现实中不可否认的一部分。我们用种族来谈论我们自己和其

他人的身份——虽然种族类别是"社会建构的"，但这并不意味着它们不存在，也不会对那些被归类到这些种族中的人造成实际的影响。

汤米·谢尔比（Tommie Shelby）和雷尼·埃多-洛奇（Reni Eddo-Lodge）都证明了，在政治上找到一种能明确界定种族定义的方法是很重要的，因为我们需要确定那些曾经受到种族压迫的群体。埃多-洛奇在《为什么我不再和白人谈论种族》（*Why I'm No Longer Talking to White People About Race*，2017）一书中写道：

"我黑色的肤色已经被政治化，这违背了我的意愿，但我不希望它被故意无视，以实现某种摇摇欲坠的、虚假的和谐。"

因为社会构建的种族观念，黑人一直受到压迫。正如洛奇所指出的，她的种族身份被"政治化"了，这违背了她的意愿。所以，我们的想法是，虽然"种族"在生物学上没有明确的依据，但我们也不应该轻易拨动无肤色偏见原则的开关。如果你说"我觉得没有什么种族差别"，你可能就在故意忽略关于某些人群面对的社会现实。

---

① 燃素说是一种解释物体燃烧现象的学说，形成于17世纪末、18世纪初。燃素说认为，所有可燃物质中都含有一种名为"燃素"的无形、稀薄的物质。燃素在燃烧过程中从物质中释放出来，与空气结合，产生光和热，即火焰。这是一个过时的理论，现代化学已经摒弃了这种观点。——编者注
② 地平说是一种认为地球是平面的而非球形的观点，已被现代科学否定。——编者注

那么，无论种族在生物学上是否有根据，我们似乎都需要继续讨论这个问题。社会种族是真实的，并且需要被讨论。

第14课　俱乐部规则

我们都体会过"格格不入"是什么滋味。无论是上学的第一天，还是在新的工作岗位上，每个人都感受过那种不适应带来的奇特和不安的感觉。想象一下：你两眼一抹黑，手足无措，不知道该和谁说话，也不知道该说什么。你感到周围有一种紧张感——来自其他人的冷淡。他们知道你不知道如何适应。

但是我们需要适应什么呢？

社会本体论者（研究社会现实的人）莎莉·哈斯兰格（Sally Haslanger）主张我们将这种格格不入的感觉与我们所处社会的文化背景联系起来并加以研究。米歇尔·福柯将它称为"话语"（discourse），皮埃尔·布尔迪厄（Pierre Bourdieu）则将它称为"习性"（habitus）。正如哈斯兰格所指出的，这些术语都抓住了这套构建信念的特征。福柯和布尔迪厄谈论的是一种思想体系，它表现为谈论（或论述）世界的习惯和方式。

从计算机的角度来考虑，意识形态就像一个计算机操作系统，例如微软公司的Windows X或苹果公司的Mac OS X。我们每个人运行着特定的程序——即特定的思想和感觉——但这些程序只有在我们有相同操作系统的情况下才能工作。有时你尝试运行一个程序（一种思想或感觉），但它与操作系统不兼容（所以人们看你的眼神很奇怪）。不过，大多数时候，这个操作系统允许你思考你的日常生活。

操作系统可以自动下载——这就是说，我们在不知不觉中学习了一种特定的意识形态，这种意识形态塑造了我们的经验。因此，它所包含的信仰和习惯很少受到质疑。杰出的学者贝尔·胡克斯（bell hooks[①]）在她的文章《面对教室内的阶级》（*Confronting*

[①] "bell hooks"为该学者的笔名，均使用小写字母。——编者注

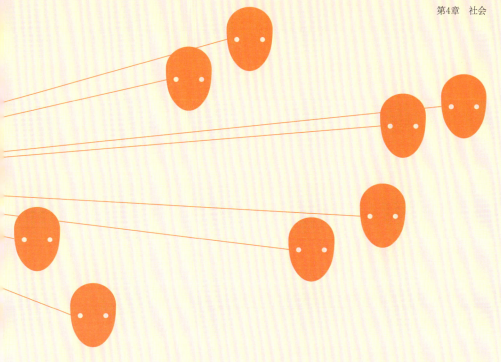

Class in the Classroom，1994）中给出了一个
意识形态框架的例子：

　　"在课堂上，由于沉默和对权威的顺从
得到了最多的表扬，学生们知道了这些才是
合适、恰当的举止。而大声喧哗、愤怒、情
绪失控，甚至天真无邪的笑声都被认为是
不可接受的…… 学生必须接受这样的价值
观，才会被认为是合群的。"

　　我们大多数人都认为教室应该是安静、
有礼貌和充满尊重的地方。如果需要给出一
个理由的话，你可以说这样做"有利于讨论"
（如果每个人都抢在别人前面说话，大家就
永远没有机会学习）。然而，你同样可以说，
在课堂上表现出热情是很重要的。学习应

该是令人兴奋的，学生就应该充满活力，可
以放声大笑和大声说话! 正如胡克斯所指出
的，教室内的规范并不是必然的。

　　我们生活中的其他事情有可能也是如
此吗? 朝九晚五的工作是这样的吗? 一日三
餐是这样的吗? 什么是我们有意识地选择
的? 什么选择是由意识形态带来的?

欢迎加入

　　某些意识形态可以使一部分人比其他
人更有优势。就像 Word 这样的电脑程序在
特定的操作系统上能运行得更好一样，有些
人在一种"习性"中能行动得更加自如。这
不是因为他们对规则特别了解，而是因为他

们在这个系统中享有"特权"。有一些社会价值观有利于一些人而不是其他人。

20世纪的法国哲学家和小说家西蒙娜·德·波伏娃在她的《第二性》(*The Second Sex*，1949)一书中描述了这种男性对女性的"特权"：

"但我已经说过，街道多么敌视她……不管她在咖啡馆的露天座位上点燃一支香烟，还是独自上电影院，随即便发生不愉快的事件；她必须通过打扮和衣着引起尊重……'翅膀垂落下来'。"

我们的社会是由一种赋予男性特权的意识形态塑造的。我们无意识地学习规则，并根据人们对待我们的方式和在书本、电视和广告的耳濡目染中学习行为方式。

让我们以更具体的方式思考这个问题，以乔安娜和威尔为例。乔安娜是一位年轻女子，她的男朋友威尔年纪稍大一点。在大多数国家，他们拥有法律上的平等地位。但在意识形态上呢？如果哈斯兰格的说法是真的(我认为是真的)，那么威尔往往享有乔安娜所没有的权力。人们通常会更信任他，并且被看作是能自主行动的人。他被定义为他自己，与任何其他人无关。

这是一个我们要解决的社会不平等的问题。但麻烦在于，正如认识论者查尔斯·W.米尔斯(Charles W. Mills)所指出的，我们很难发现自己的意识形态偏见，因为我们认为它们是正常的。当然，虽然威尔可能喜欢乔安娜，但他很难意识到自己何时以及如何被赋予了特权——因为对他有利的意识形态偏见在社会中是如此根深蒂固。

米尔斯还指出，当你没有受到意识形态的不利影响时，你会很容易对其一无所知，就像如果你使用的电脑程序在 Windows X 中运行良好，你可能就不会想到操作系统有所缺陷。因此，乔安娜是这种偏见的受害者，并且威尔比她更不可能意识到这种偏见。

我们都知道那种"不合群"的感觉。遗憾的是，我们中的一些人比其他人更容易体验到这种感觉。米尔斯和哈斯兰格主张我们应该评估我们的意识形态偏见存在于哪些方面，以及我们又在哪些方面受益于这些偏见。花点时间想一想，你曾经在街上被骚扰过吗？你的老板或老师看起来像和你同属于一个社会种族的人吗？当你失败或成功时，人们是否将其归因于你的性别？当你在看好莱坞大片时，你把自己带入成什么角色？对这些事情一无所知可能是幸福的，但也是极不公平的。

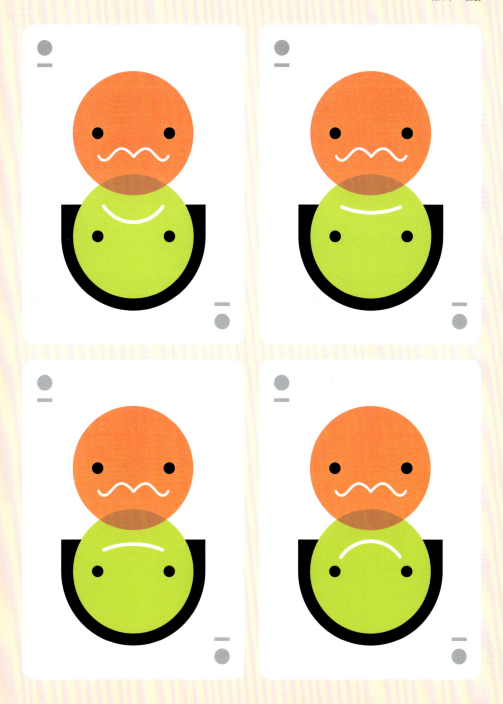

罪行是个

责任则是

人问题。

政治问题。

第15课　弥补过失

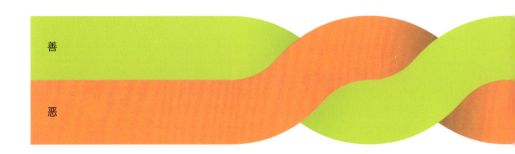

善

恶

　　让我们来看一个典型的不法行为案例。鲍勃为人贪婪，而且道德观念模糊。他闯入了哈里的家，把哈里打了一顿并拿走了哈里的钱。可以说，鲍勃犯下罪行。哈里应该得到正义的支持，而鲍勃应该为他的行为付出代价。

　　这样的故事正好符合我们的观念。我们在亚里士多德写于约公元前330年的《尼各马科伦理学》（*Nicomachean Ethics*）中可以读到关于这种观念的早期阐述。亚里士多德指出，只有某些类型的人可以承担责任：他们必须至少具备有意识地决定做某事的能力。例如，你不能要求一棵树为倒下并压坏一辆车而负责。树没有意识，倒下不是它能决定的。

　　亚里士多德说得很清楚，一个有意识的主体只有在他们自由地（没有被胁迫）决定做一件事，并且知道自己行动带来的后果的情况下，才需要对一个行为负责。没有人强迫鲍勃闯入哈里的房子，他是出于贪婪自己决定这么做的。他非常清楚自己行为的后果。他知道，如果他打了哈里，就会给对方留下瘀伤，他拿走的钱不是《大富翁》游戏里的钱，是真的钱，所以鲍勃应该负责任。

　　几千年来，人类一直秉承着这种道德责任观念，但事情并不总像鲍勃的故事那样简单。在有些情况下，责任是很难确定的。例如，想象一下，你出去遛狗，狗在一个公园里拉了屎。清理狗屎是谁的责任？如果你的孩子用拨浪鼓划伤了一辆汽车，谁应该负

责呢？在这两种情况下，你都不是行为的实施者，但你都可能被合理地追究责任。

让我们扩展一下鲍勃的故事。鲍勃不光是个小偷，还是个精明的投资者。在他犯罪之后，他的生意变得越来越好。他和妻子享受着奢华的生活，还生了很多孩子。几代人下来，鲍勃的曾孙女罗伯塔成家了。因为曾祖父的成功事业，她过得非常好——她接受了私人教育，住在城里的富人区，并享受着一流的医疗服务。除此以外，她还是一个善人。她向慈善机构捐款，对朋友很好，并在当地的流浪汉之家做志愿服务。

遗憾的是，鲍勃的罪行仍然没有得到惩罚。罗伯塔的曾祖父早已去世，因此，基于亚里士多德的理论，我们无法找到可以追究责任的主体。这是否意味着无人负责？罗伯塔没有犯罪，甚至可能不知道犯罪的事。哈里的曾孙女哈丽特过着极其贫困的生活，这都是因为哈里的罪行未受惩罚，但这并不是罗伯塔的错。

亚里士多德的理论能解决这种情况吗？好像不能。

谁应该承担责任

对于一些极其不公正的情况，亚里士多德的说法似乎也无计可施。以企业责任为例，一家石油公司的船在海上航行时发生了漏油情况，导致野生动物死亡，并严重污染了海水。在这个例子中，似乎没有任何人做错了事，那么责任在谁？

除此以外，代际责任该如何确定呢？虽然鲍勃、罗伯塔、哈里和哈丽特的故事可能看起来很牵强，但历史上不公正的例子数不胜数。根据亚里士多德的理论，没有人可以为此负责。

例如，考虑一下"伟大"的大英帝国。在长达几个世纪的统治中，它以女王和国家的名义犯下了无数的暴行。英国社会从殖民政权的罪恶行为中受益，并将继续受益。其他欧洲大国也是如此，如法国、荷兰、西班牙、葡萄牙……（不幸的是，这个名单还很长）。然而，根据亚里士多德的说法，没有人被追究责任，因为肇事者——犯下这些罪行的主体——都早已死亡。

话说回来，也许拥有奴隶的亚里士多德并不是最好的法官？越来越多的哲学家认为他把错误本身都搞错了。下面是阿尔伯特·G. 莫斯利（Albert G. Mosley）的文章《平权行动的辩护》（*A Defense of Affirmative Action*，1994）中的一小段：

"……人类不是孤立的、自私自利的个体。他们认为自己有独特的血脉渊源和群体身份，而且更常见的是，他们关心为他们所认同的人谋取利益，就像他们关心为自己谋取利益一样。"

莫斯利认为，亚里士多德的理论忽略了不公正行为的一个重要层面。我们并不总是作为自私自利的个体行事，而是作为社群

的成员行事。英国殖民主义者的行为不仅是为了他们自己，也是为了他们的后代。美国的奴隶主也是如此——上面故事中的鲍勃也是如此。

莫斯利的建议与20世纪政治理论家汉娜·阿伦特（Hannah Arendt）的思想相一致。阿伦特认为，如果他人的行为是为了个人所认同的社群而实施的，那么个人应该为其他人的行为负责。鲍勃是为了他的家庭而犯罪的，而罗伯塔是这个家庭的成员，因此，她应该对她曾祖父的行为负责。

你可能还是会反对：她没有罪！她没有做错任何事！在某种程度上，你是对的。正如阿伦特在她的文章《集体责任》（*Collective Responsibility*，1987）中指出的，罪行和责任是不同的。她认为，罪行是个人问题，责任则是政治问题。罗伯塔可能没有罪，但从政治补偿角度讲，她可以作为鲍勃家庭的一员和鲍勃不公正行为的受益者而承担责任。

同样地，虽然公民可能没有直接参与历史上的殖民行为，但作为从这些行为中受益的社会成员，我们仍有责任去承认和弥补这些历史遗留的不公。

第16课　道德垃圾

地球是一个相当大的星球，赤道的周长大约为40075千米，人口约为75亿[1]。要想了解如此巨大的东西并不容易。所以，让我们从小事开始，先来认识一下凯蒂。

凯蒂的朋友们要搬到一个新的公寓，他们同意在老房子出售期间让凯蒂免费住6个月。这是件大好事呀！凯蒂在老房子里过得很开心，尽情享受在这个社区的生活，并把省下来的房租钱花在聚会上。凯蒂不是很爱整洁，朋友养的植物也因为她没浇水而枯死了。但是，管他呢！终于，6个月的时间到了，她决定举办一个告别派对。派对很热闹，音乐声很吵，邻居们敲打着墙壁表示抗议。凯蒂和她的朋友们把酒洒在沙发上，把垃圾桶装得满满的——但凯蒂并不太在意。这就是告别派对的好处：她要告别这里了！

我们认为，这种行为有点不道德。首先，凯蒂的行为对她的邻居产生了不良影响。虽然吵闹的摇滚乐让她听不到哭声，但隔壁一对带着幼儿的年轻夫妇却很恼火。房子的新主人也是应该考虑的对象。他们虽然不是空间上的邻居，却是时间上的邻居。在凯蒂离开后，他们还要收拾她留下的残局。这些都是以人为本（或"人类中心主义"）的伦理问题。

凯蒂的行为对非人类也有不良影响。例如，邻居家的狗和它们的主人一样讨厌摇滚乐。还记得凯蒂忘了浇水的植物吗？虽然它们不是有知觉的生物，但它们是美丽的、稀有的兰花，现在它们已经枯萎死亡。

---

[1]　联合国宣布，世界人口在2022年11月15日这天达到80亿。——编者注

让我们花点时间想象一下，如果凯蒂的行为放大到全球范围，会有什么样的后果。全球变暖的后果不仅是枯萎的盆栽和糟心的买房人，而是大规模的洪水、沙漠化和死亡。

环境伦理学家可以分为两类。一类人专注于以人类为中心的问题。例如，威廉·布莱克斯通(William Blackstone)认为，全球变暖是不好的，因为它对人类有害。事实的确如此，全球变暖已经开始影响人类了。例如，孟加拉湾的岛屿正在被上升的海平面所淹没，伊比利亚半岛上数百万人赖以生存的塔古斯河正在枯竭。鲁伯特·里德(Rupert Read)也谈到了以人类为中心的问题，但他关注的是我们时间上的邻居——未来的人类。他认为，我们当下对环境的所作所为正在为我们的后人创造可怕的条件。联系上一课讨论的主题，里德说我们正在犯下"代际不公"的罪行。

也有一些哲学家专注于非人类中心主义的问题。在第7课中，我们已经了解到，辛格认为非人类的动物是值得道德层面上的关注的。像奥尔多·利奥波德(Aldo Leopold)这样的理论家也认为无知觉的实体，比如森林和河流，是值得道德上的考量的。还记得凯蒂的兰花吗? 它们的死亡虽然谈不上基于人类的邪恶，但利奥波德认为杀死它们本身就是一个令人不安的问题。利奥波德担心的是，我们在没有充分理解自然事物之间以及与我们之间的复杂关系的情况下，使用或者过度使用这些自然事物。

"如果一件事情有助于维护生物共同体的完整性、稳定性和美丽，那么它就是正确的。反之，则是错误的。"

无论是否以人类为中心，人类造成的全球变暖所带来的种种危害，在伦理道德的角度上看，都令人深感忧虑。

我们能相信专家吗

关于环境伦理的哲学讨论已经相当多了。然而，你在街上听到的大多数辩论并不是关于人类造成的气候变化是否有害，而是关于气候变化的情况是否真实存在。

我不是一个气候科学家。本章对全球变暖的阐述是基于我从互联网上所学到的知识进行的基本总结。气候科学，就像天体物理学和生物化学一样，是一个复杂的科学领域，需要多年的时间来了解它的复杂之处——因此，在形成对它的看法时，我不可避免地要依赖其他人的研究成果。然而，

这种依赖伴随了一丝认知风险，而这正是"气候怀疑论者"所关注的焦点。他们质问："如果我们信任了不该信任的人呢？"

如果你担心这个问题，阅读17世纪法国哲学家布莱兹·帕斯卡（Blaise Pascal）的作品可能会让你受益匪浅。让他声名大噪的是他在《思想录》（*Pensées*）中提出的被后人称为"帕斯卡的赌注"的论证。赌注的重点是当时的一个激烈争论的话题：上帝是否存在。在《思想录》中，帕斯卡巧妙地将讨论从支持或反对上帝存在的证据中转移出来。他认为，人们最好相信上帝存在，并依此来

指导自己的生活。为什么? 因为潜在的回报是无限的——永远生活在天堂! 而潜在的惩罚也是无限的——永远生活在地狱! 这些无限的结果, 超过了任何有限的奖励(凡人的快乐)或惩罚(凡人的痛苦)。即使上帝事实上并不存在, 你也必须经历这些凡人的快乐与痛苦。

　　这一原则很适用于气候怀疑论者的观点。也许人为的气候变化并不存在, 但我们应该相信它存在, 并依此行事。为什么? 想象一下, 如果气候变化并不存在, 但我们却按照它存在那样去采取行动——这有什么坏处呢? 例如, 我们可能会对石油钻探、页岩气开采或煤矿开采加以限制。等到了适当的时候, 这些限制将被撤销, 因为它们没有发挥作用。也就是说, 这些措施的影响是有限的。相比之下, 想象一下, 如果我们不相信所谓的全球变暖, 并依此行事, 但后来发现这是错误的, 后果将不堪设想。我们将耗尽有限的资源, 破坏千年的生态系统。这些都是不可挽回的、无法估量的灾难, 对人类产生了无限的不利影响。

　　信任气候科学家可能会有一点风险, 但潜在好处是无限的。

工具包

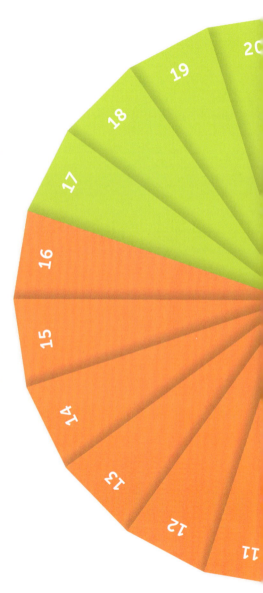

13

虽然主张种族是"自然种类"没有生物学上的依据，但将种族视为社会范畴是很重要的。

思考点: 其他分类——比如"男人"和"女人"——是否也需要更仔细地研究呢?

14

我们通过意识形态的滤镜来观察世界，有时这会导致我们把权利赋予特定的一些人。

思考点: 在没有他人帮助的情况下，我们是否有可能发现自己的意识形态偏见?

15

我们常常认为我们只对自己的行为负有道德责任。然而，责任和罪行之间是有区别的。你有可能会(有时是有必要) 为你没有做过的事情承担责任。

思考点: 你会为自己没有做过的事情感到愧疚吗?

16

全球变暖不仅对人类，还对其他生物造成了严重的危害。即使你不相信全球变暖的科学证据，但也最好还是持"宁可信其有"的态度来采取行动。

思考点: 全球变暖威胁着我们后人的生活，但我们繁衍后代的行为可能导致全球变暖吗?

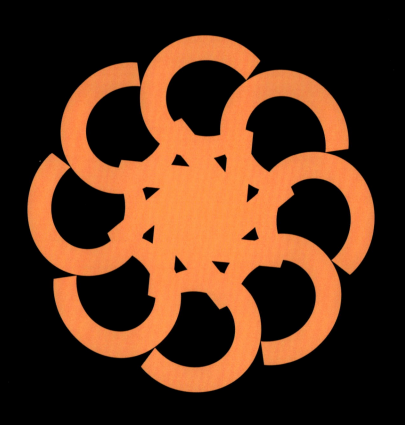

第5章

娱乐

第17课 恐怖电影

恐怖电影很吓人，对吧? 但是怪物并不真实存在。我们怎么会害怕我们明明知道不存在的东西呢?

第18课 美味佳肴

美食评论家应该比我们其他人更有品味。这是否意味着他们可以告诉我们什么好吃，什么不好吃?

第19课 创造天才

什么是创造力? 是神赐之礼? 是基因倾向? 还是一种魔力? 有些人会比其他人更具创造力吗? 如果是这样，原因是什么呢?

第20课 虚拟生活

电脑游戏令人困惑，有时它们看起来比现实更真实。那么我们应该对此感到担忧吗?

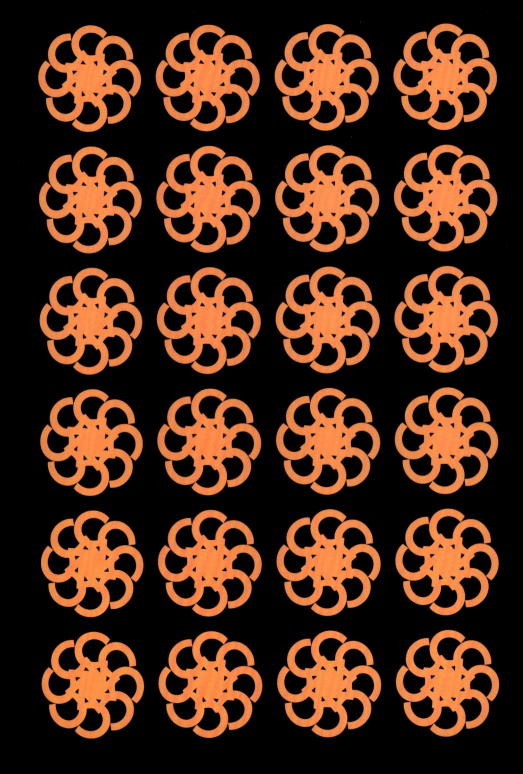

"前卫艺术不仅可以帮助人们了解他们所生活的社会中起作用的客观力量，而且可以帮助他们认识其内心世界的强烈的社会特征。"

——安吉拉·戴维斯（Angela Davis）

就像甜甜圈上的糖霜一样，哲学涵盖一切。美学——对美的本质的研究——包含了对品味的讨论……有谁真的可以在讨论品味的时候绕开甜甜圈呢？从柏拉图开始，哲学家将艺术、文学、爱好和消遣视为值得深入思考的东西，所以我们最后一章的重点是娱乐。

电影《猛鬼街》（*A Nightmare on Elm Street*）是否吓得你语无伦次？你是否曾停下来思考过，虽然你明知道某样东西实际上并不存在，为什么还是会感到害怕。在第17课中，我们将研究我们对电影中怪物的情感反应，以及"虚构的悖论"。本课内容或许无法让你在观看《午夜凶铃》（*The Ring*）时不发出尖叫，但它会让你在尖叫的时候感觉好一点。

也许你不喜欢看恐怖片，因为它们充满鬼怪和老套的剧情，恐怖片往往属于人们所说的"低级艺术"的范畴，与莫扎特或芭芭拉·赫普沃斯[①]（Barbara Hepworth）的"高雅艺术"形成鲜明对比。我们对艺术作品进行高低排名是否意味着存在一种"客观的品味标准"？

我们的艺术偏好可能有所不同，但有一点我们大多数人都认同，那就是好的艺术——无论是文学、电子游戏还是绘画——都展现了创造力。我们形容人的时候会用到"有创造力"这一说法。对艺术家来说，这是一件好事。然而，"创造力"究竟是什么，却没有一个显而易见的标准。柏拉图和弗吉尼亚·伍尔夫（Virginia Woolf）等思想家为我们提供了答案。我们将在第19课中对创造力进行创造性的思考。

在最后一课，我们将探讨一种相对较新的艺术形式：电脑游戏。技术正在以指数级的速度快速发展，虚拟现实（VR）引发了关于非虚拟现实（或曾经被称为"现实"）的严重问题。我们的生活与计算机模拟究竟有多大区别？这对我们的身份认同带来了怎样的影响？与前面的许多章节一样，我们将要探讨的问题是：我们对单一的、统一的自我的信念似乎不再像以前那样理所当然。这种情况正常吗？它是可取的吗？作为一个单一的、显而易见的简单自我，这个问题交由你来决定。

---

① 芭芭拉·赫普沃斯（1903—1975），英国雕塑家，被国际雕塑界誉为20世纪最伟大的雕塑家之一。——编者注

第17课　恐怖电影

冒汗的手心、撒到地上的爆米花、怪物在屏幕上潜行时的喘息声，这一切都让我们感觉恐怖电影真的令人胆战心惊。它们可以让你浑身颤抖、寒毛直竖。毫不夸张地说，它们足以让你产生拔腿逃跑的冲动。事实上，恐怖电影并不是唯一能激起情感反应的电影，比如，爱情电影真的能给你坠入爱河的感觉，它们可以让你心跳加速。喜剧片可以很搞笑，惊悚片可以很惊悚，戏剧片可以很戏剧。

这都是毫无争议的。然而，如果你真的被电影中的怪物吓到了，你会不会尖叫着冲出电影院？你会不会真的跑去警告自己的家人和朋友，让他们小心这个嗜血狂魔、梦中杀手——弗莱迪·克鲁格（Freddy Krueger）？当然，如果要真正害怕什么，我们必须首先相信有什么东西值得害怕。但我们知道，克鲁格是导演韦斯·克雷文（Wes Craven）想象出来的。我们知道，屏幕上的动作是由演员在摄制组面前表演的。

这就是所谓的"虚构的悖论"。这是科林·拉德福德（Colin Radford）1975年在他的文章《我们如何为安娜·卡列尼娜的命运所感动？》（*How Can We Be Moved by the Fate of Anna Karenina?*）中创造的一个术语。悖论有三个前提，每一个前提看起来都成立，但放在一起却显得相互矛盾。

第一个前提：要使我们在情感上被人和环境打动，我们需要相信他们确实存在（或曾经存在）。这看起来很合理，对吗？我们很难被我们明知是虚假的事情所感动。当你得知你的宠物仓鼠死了，你可能会很伤心，但如果你后来发现它在笼子里活得好好的，那么你的伤心就没有意义了。

第二个前提：当我们接触虚构的内容时，如书籍、电影、电视和电脑游戏，"存在信念"是缺乏的。这似乎也很好理解，我们认为克鲁格并不存在。事实上，我们清楚他是虚构的。

第三个前提同样貌似合理：虚构的人物和情境实际上确实能打动我们。我们会害怕虚构的怪兽，我们也会爱上虚构的主角。虚构的事物能影响我们。

正如拉德福德指出的，所有这些前提都很难成为现实。我们怎么能被我们明知不存在的人物所感动呢？因为如果要被感动，我们必须相信他们的存在？这就是虚构的悖论。

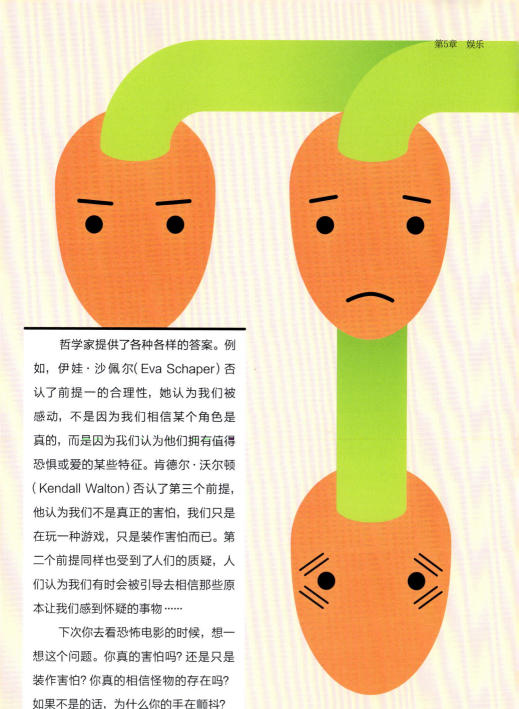

哲学家提供了各种各样的答案。例如，伊娃·沙佩尔（Eva Schaper）否认了前提一的合理性，她认为我们被感动，不是因为我们相信某个角色是真的，而是因为我们认为他们拥有值得恐惧或爱的某些特征。肯德尔·沃尔顿（Kendall Walton）否认了第三个前提，他认为我们不是真正的害怕，我们只是在玩一种游戏，只是装作害怕而已。第二个前提同样也受到了人们的质疑，人们认为我们有时会被引导去相信那些原本让我们感到怀疑的事物……

下次你去看恐怖电影的时候，想一想这个问题。你真的害怕吗？还是只是装作害怕？你真的相信怪物的存在吗？如果不是的话，为什么你的手在颤抖？

欢乐

悲伤

有用……还是危险

无论我们对这个悖论有什么看法，事实是我们的确会被虚构的作品所感动。有些故事让我们悲伤，有些故事让我们快乐或害怕，甚至愤怒。虚构的作品可以激发细腻、微妙的情感。它可以给我们带来正义感，或者深化我们对伴侣的爱意。这就是虚构的力量。

然而，虚构的作品也会产生负面的影响。悲惨的电影会激起人们的生存焦虑。批评者经常说，暴力作品助长了社会中的暴力倾向（我们在第12课中提到过这种观点）。例如，昆汀·塔伦蒂诺（Quentin Tarantino）的电影被指责为美化暴力，并使之正常化，从而诱导人们变得残暴。这些所谓的影响使得人们呼吁对虚构作品进行严格的审查。

然而，亚里士多德有一个古老的思想，它反对所有的暴力场景都会带来不良后果的说法。事实上，有些暴力场景可能是有益的。例如，昆汀的电影《无耻之徒》（Inglourious Basterds）。这部电影充满了暴力，血腥味十足，是一个关于复仇的幻想。在这部电影中，昆汀想象在第二次世界大战期间，一队犹太战士炸死纳粹分子并刺杀了希特勒，从而改写了历史。

这部电影不会符合每个人的口味，但它呈现了各种虚构的场景，历史上受压迫的人有机会用暴力来纠正暴力不公。我们可以认为这部电影实现了亚里士多德在其《诗学》（Poetics）中所说的"宣泄"（Catharsis）。

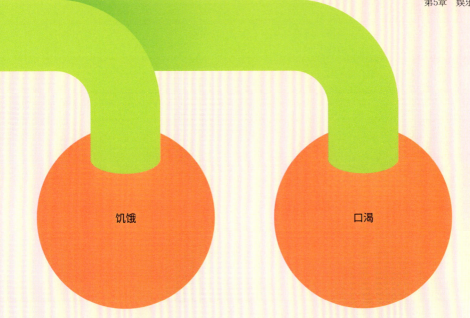

饥饿

口渴

在亚里士多德看来，情感与道德有着重要的联系。例如，你应该培养自己的情感，使你在行为恰当时感到喜悦，在犯错时感到悲伤。情感是身体的反应，就像饥饿或口渴一样，我们应该利用它们来引导我们以正确的方式行事。有些情绪反应是要培养的，有些则是要避免的——它们需要受到控制。亚里士多德认为，"宣泄"就是控制情绪方法之一，宣泄就像释放负面或有害情感的阀门。"那么，悲剧就是用引起怜悯和恐惧的事件来模拟一种行动，以此来完成对这种情感的宣泄。"

正如亚里士多德在《诗学》中所说，悲剧以这样一种方式唤起怜悯和恐惧，使观众的过度情绪得以释放。悲剧激起了眼泪或哽咽，因此怜悯和恐惧被清除了。它们被引向虚构的东西，所以观众可以更清醒地关注他们现实生活中的事务。

遭受过历史不公的群体成员可能会感到怒气难消，但这种愤怒可能已经没有了现实的目标（假设肇事者已经死亡），这些人也不会想要实施实际的暴力行为。然而，电影中对暴力报复的表现可能会起到宣泄的作用。它们可能会平息愤怒，于是人们才能进行实际的、不那么情绪化的经济赔偿工作。

至少，这是亚里士多德的观点，可能也是昆汀的观点。但你是否认同呢？

第18课　美味佳肴

你了解马麦酱吗？维吉麦酱（Vegemite）呢？那种超市里卖的黑色的胶状物？这是啤酒制造过程中产生的一种奇怪的酵母副产品，它成了人们的食品。人们心甘情愿地咽下这种咸咸的、黏稠的恐怖食物。有人喜欢，有人（包括我自己）不喜欢。

喜爱马麦酱的人认为它很美味，但我对它深恶痛绝。当然，马麦酱是否美味是"口味问题"，是"主观"判断，歌剧、嘻哈表演、喜剧和动作片的情况也是如此。因此，我们在美学领域发现了拉丁语的箴言：对于品味，没什么好争的！

18世纪的苏格兰哲学家大卫·休谟（David Hume）对此有不同意见。他在著名的文章《论品味的标准》（*Of the Standard of Taste*，1757）中指出，虽然每个人都喜欢不同的东西，但人们普遍认为一些东西要比其他东西好。例如，大多数人都会同意，乔治·艾略特（George Eliot）的小说比约翰·格里沙姆（John Grisham）的小说具有更多的艺术价值。

休谟表示，认为艾略特是一个比格里森更优秀的作家是我们的集体判断，而这一判断的前提是对品味存在着客观标准。但我们如何才能确定这个客观标准呢？休谟的回答是，我们在"真正评判者的共同评判"中找到品味的真正标准。有些人特别擅长评价艺术作品，他们的意见才是我们应该信任的。

这听起来确有道理。有一些人似乎确实拥有比其他人更好的审美。例如，品酒师有更发达的味觉，能够品尝并准确地说出微妙的味道差异，而其他人最多只能尝出"酒味"。同样地，在食物和戏剧方面也有专门的鉴赏家。

"敏锐的感觉与细腻的情感相结合，通过实践改进、比较完善，清除所有偏见，只有这样，批评家才有资格获得这种珍贵的特质。无论这样的人身在何处，他们的共同评判都是真正的品味标准……"

休谟的意思是，"真正的评判者"具有高雅的审美意识，拥有根据艺术作品本身的特点来判断的能力。比起我们这些缺乏训练和天赋的人，他们对什么是好的艺术有更清晰的认识。当然，他们不是完美无缺的，这就是为什么休谟呼吁要"共同评判"，这些评判者可以一起制定客观的品味标准，或者说，休谟希望制定让我们信服的标准。

品　味

品味的专断

休谟关于审美客观性的主张存在着一些潜在的问题。

我们不妨再推敲一下休谟认为客观标准存在的理由。他认为，有一些作品"在所有国家和所有时代都被普遍认为是优秀的"。这是个武断的说法。他的证据在哪里？他的研究有多广泛？所有时代的所有国家？这种说法讲得通吗？以西方艺术的杰出代表莎士比亚的《哈姆雷特》为例。这样一部作品怎么可能被所有文化接受？哪怕只是被一小部分文化接受都很困难。观众必须理解16世纪的英语、社会习俗和层出不穷的戏剧惯例。这有多大的可信度呢？即使欧洲的每个人都喜欢莎士比亚，休谟的主张仍然是建立在非常有限样本基础上的归纳推理。

除此之外，还有对休谟美学的政治批判。一旦我们开始怀疑品味的客观标准，我们就会开始问评判者的具体工作。像理查德·舒斯特曼（Richard Shusterman）和卡罗琳·科斯迈尔（Carolyn Korsmeyer）这样的美学家认为，休谟的"真正的评判者"的主张有一些令人质疑的地方。他们认为，休谟赋予了某些人评判美的标准的权力。

想象一下，有一天你去上班，正好碰到经理艾伦。糟糕的是，艾伦非常喜欢各种花里胡哨的领带。今天他戴着一条糟糕透顶的领带，上面有一个小丑图案，而且是那种令人毛骨悚然的小丑。不幸的是，人们认为艾伦是休谟所谓的"真正的评判者"。因此，他和其他的评判者现在可以决定，哗众取宠的领带（尤其是上面有小丑的领带）在客观上就是漂亮和风趣的。这不是他自己的观点，而是所谓的客观标准。作为一个非评判者，你怎么看待或你有多讨厌这种领带并不重要——你的品味将始终受制于艾伦的标准。

想象一下，休谟会把什么样的人变成评判者，让我们再以品酒师为例。这些人有钱有时间，可以品尝大量的葡萄酒，以"提升他们的味觉"。正如舒斯特曼所说，这些人是历史上享有社会特权的人，他们可以在闲暇时四处游荡，品尝美酒，学习艺术史课程和阅读。这就是休谟文章的潜台词：美是由拥有特权的人决定的。

无论如何，这都不对劲，对吗？

你怎么能

在不是身

游戏之中？

确定你现

处在某个

第19课 创造天才

我们喜欢富有创造力的书籍、音乐和电影。我们称赞作者、作曲家和游戏设计师的创造力。如果我说"她很有创造力",那么我是在夸赞她。但为什么呢? 创造力究竟是什么? 这种我们如此看重的奇特力量是什么?

关于创造力的概念,我们有一堆纷繁复杂的想法。原创性是其中核心要素之一,创造的能力很明显也不可或缺。但是,成为一个有创造力的人意味着什么? 我们经常把创造性行为描述为一种突如其来的灵感迸发,它体现在强大的原创艺术作品中,但似乎又不知道源自何处。

这种意外的、突然的元素,首见于公元前5世纪柏拉图的对话录《伊安篇》(*Ion*)中关于创造力概念的部分。柏拉图描述诗人,如荷马(Homer)和赫西奥德(Hesiod),如何以一种无计划的、几乎无意识的方式创作出他们的作品。他们被"神圣的灵感"所触动。他们不是作为有意识的主体,而是作为某种力量的代言人行事。"灵感"(inspiration)与"呼吸"(respire)具有相同的拉丁语词根,对柏拉图来说,诗人的创作过程源自神灵将生命注入了诗人的头脑。

尽管人们大多不再以"神灵"的角度解释创造力了,但这种思想一直存在。艺术家的创造力已经被夸大了(用天生拥有而不是神灵来解释)。人们有创造性的"倾向""感

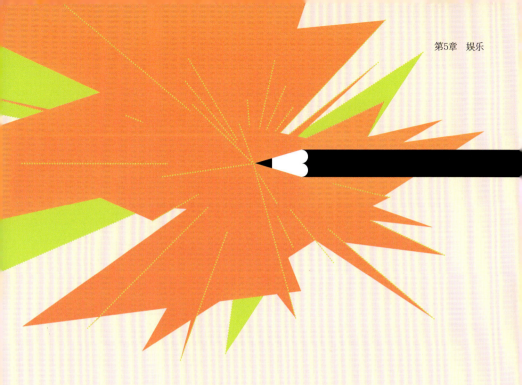

觉""情绪"等。你可能因为基因的与众不同而成为一个有创造力的人，或者容易爆发出创造力。你也可能是个极度迟钝、毫无灵性的人。创造力被认为是一种先天的性格特征，而不是可以学会的东西。

一个有趣的事实是，柏拉图憎恨诗人。在他的著述《理想国》中，他将诗人从他的理想城邦中驱逐出去（尽管他自己的作品中充满了诗意的活力）。在柏拉图看来，艺术家根本不知道自己在说什么。他们的艺术创作并非源自自身的思考或智慧，而是在无意识中产生的，所以他们不应该被赞美，也不应该被信任。

反应过度了吗？可能是的。近来，哲学家们对创造力概念的分析略有不同。派斯利·利文斯顿（Paisley Livingston）认为，创造力显然不仅仅是被动的精神爆发。

与柏拉图相反，利文斯顿提出，创造力不只是不知不觉地创造新事物，它涉及思考正在创造的东西和关注某些元素，而不是其他元素的能力。并非所有的创造力都是不受控制的，人们可以在特定的框架下，仔细思考并发挥创造力，无论是遵循艺术、电影还是文学的要求。

创造性行为不一定是非理性的。

你能创造创造力吗

我们经常听到人们用"有创造力"来描述一个人，就像我们可以用"高""矮""开朗""擅长数学"来描述一个人一样。人们认为创造力是人类"与生俱来"的特质之一。比如，有人可能会说，莎士比亚天生就是一个创作天才。

正如我们所看到的，柏拉图将这种特质解释为与神灵有关。如今，我们可能会认为有些人在遗传层面就拥有比其他人更强的创造力（不过，正如我们在第13课了解到的，这种"基因论"可能是危险的）。英国小说家弗吉尼亚·伍尔夫对这种观点大为不满。在她的作品《一间只属于自己的房间》（*A Room of One's Own*，1929）中，她强调了创造力在很大程度上取决于物质环境，并探讨了由此导致某些人（尤其是男性）被认为比其他人更具创造力的现象。

伍尔夫写道："一个女人如果要写小说，那么她必须拥有两样东西，一样是金钱，另一样是一间自己的房间。"她举了朱迪思（Judith Shakespeare）的例子。她是谁？伍尔夫告诉我们，她是威廉·莎士比亚的妹妹。当哥哥威廉在学校里学习抑扬顿挫和

隐喻时，朱迪思却被困在家里做家务。哥哥在学习，妹妹却因展现出"不似女子"的书卷气而受到责备。她还要做家务——因此她的创作能力、创造力受到了限制，尽管她"和他一样富有冒险精神、想象力、渴望见世面"。

伍尔夫让我们思考，人的创造力是与生俱来的还是后天获得的。更重要的是，她让我们注意到这样一个事实：在发挥自己的创造力方面，人和人之间存在着巨大的差异。鉴于创造力的强大力量（见第17课），只有某些人才被允许有创造力，这确实令人担忧。

这是个问题，一个大问题。我们该如何解决这个问题呢？首先，我们应该创造性地思考如何才能改善所有潜在作家的物质条件。

第20课　虚拟生活

电脑游戏很神奇，新款 PS 游戏机的画质极为惊艳，让人眼前一亮，图像的清晰度甚至超过了现实。游戏设计的艺术性和对细节的关注令人难以想象——这些游戏主机生成的世界，无论是在题材范围还是创造力上，都令人叹为观止。

此外，虚拟现实技术让你在虚拟世界中体验360度的沉浸感。还有支持《宝可梦GO》等游戏的增强现实技术（AR），它能通过我们智能手机的摄像头，将游戏与我们的日常生活融为一体。

的确，电脑游戏太神奇了，而且它们以引发犀利的哲学问题而为人们所熟知。

17世纪法国哲学家笛卡尔因其《沉思录》（*Meditations*）而闻名，他在书中引发了读者对外部世界的彻底怀疑。他问道："我怎么知道我不是在梦境中？""我怎么知道我不是某个邪恶魔鬼的恶作剧的受害者？"（本书作者转述）。当然，笛卡尔并非真的怀疑外部世界的存在，他提出"邪恶魔鬼"的假说，只是作为一种方法来探寻那些毋庸置疑的真理（比如著名的论断"我思故我在"）。尽管如此，这些谜题仍然伴随着我们。而且，我们不难看出游戏技术是如何引出类似的谜题的。

你怎么能确定你现在不是身处在某个游戏之中？某个超级真实的游戏，其中就包括现在你正在读着一本叫《生活中的哲学课》的书？

未来学家尼克·博斯特罗姆（Nick Bostrom）在他2003年发表的论文《你活在计算机模拟中吗？》（*Are you living in a computer simulation?*）中，从一个意想不到的角度探讨了这些笛卡尔式的担忧。他提出了后来被称为"模拟论证"的观点。

他从两个相当合理的假设出发。首先，他提出人类文明有一天会使虚拟现实技术发展到一个高度，届时虚拟现实与真实现实将变得无法区分（"技术成熟"）。鉴于目前游戏的发展速度，这似乎并非不可能。第二，他认为由像虚拟居民组成的虚拟世界可能会变得越来越流行。考虑到《模拟人生》和《第二人生》等游戏的受欢迎程度，这似乎也是可能的。

基于这两条假设，他为我们提出了三个命题。他认为，以下三个命题必有一个为真。

（1）在我们当前所处的技术发展阶段，几乎所有文明都会在达到技术成熟之前灭绝。

（2）所有技术成熟的文明都将对人类生活的模拟创造失去兴趣。

（3）我们几乎可以肯定我们生活在计算机模拟世界中。

博斯特罗姆对笛卡尔的"认识论"问题兴趣寥寥。他并没有从怀疑的立场出发，并假设万事万物都和它们的表象一样。随着计算机越来越强大，技术正在模糊真实和虚拟之间的界限。他的论证旨在通过验证一个又一个假设来引出这些技术进步的意义。

第一个命题可能无法实现吗？是的！在核末日降临之前，我们尚有可能实现技术成熟。

那么第二个命题呢？鉴于我们目前对虚拟现实的兴趣，在未来我们似乎不会丧失对这些模拟技术的热情。

现在只剩第三个命题。技术成熟的文明所拥有的处理能力，将能够运行天文数字的模拟——百万级，或十亿级——所以在未来模拟人的数量将大大超过真实人的数量。

这就引出了"模拟假说"，即我们更有可能是模拟的人，而不是真实的人。仔细思考一下这个假说。你有何感觉？它对你和你的生活方式有什么影响？

我的意识在哪里

对于像博斯特罗姆这样的哲学家来说，我们很有可能是与我们自我认知截然不同的生命形态。也许我们只是计算机中的程序，或者我们只是作为科学容器中的大脑而存在，再或者我们只是存储在神秘"云端"的数据。我们将有一个非常不同的"本体论"（ontological）特征。

然而，无须深入科学幻想的领域来质疑我们的存在状态。我们现在的网络生活已经使我们对传统的自我身份概念提出了质疑。

作为具有不连续物理边界的生物体，我们自视为人类。我们有明确的边界（我们的皮肤）。在正常情况下，我们身体的各个部分不会相互分离。我们认为自己是一个单独的生命，它能够自由活动，与人交流，有记忆，有自我意识，有私人的内心生活。

唐娜·哈拉维（Donna Haraway）和N.凯瑟琳·海尔斯（N. Katherine Hayles）认为，技术进步促使我们质疑这种固有认知。

她们认为：我们也许正在超越人类，成为"后人类"。

海尔斯在她的散文集《我们如何成为后人类》（*How We Became Posthuman*，1999）中写道："在后人类时代，身体存在和计算机仿真之间、人机关系结构与生物组织之间、机器人科技和人类目标之间，将不再有本质区别或绝对的界限。"

作为生物的人类和计算机模拟之间的边界真的已经消失了吗？也许吧。例如，你认为自己的记忆存储在哪里？曾几何时，我们会说记忆存在于我们的大脑里。然而，社交媒体已经改变了这一点。想想脸书[1]上的时间线，推特[2]上的消息。这些系统收集照片、视频、信息和聊天记录，并对它们进行排序。我只要点击一下按钮，就能调出我12岁生日时的照片。而且，这些系统并不是像实体相册那样静态的信息储存库，我们一直在使用它们。我们通过它们生活，与人交流（其中一些人在现实中我们甚至从未谋面）。就像我们大脑中的记忆一样，我们的在线

---

[1] 2021年10月，脸书（Facebook）创始人扎克伯格宣布，公司名称改为"Meta"。

[2] 2023年7月，推特（Twitter）更名为"X"。

记忆与我们的互动方式和身份构建纠缠在了一起。

　　我们的记忆似乎分散在大量的线上和线下平台之中，也许我们并不像洛克所认为的那样自成一体（见第9课）。为了呼应唐娜·哈拉维在她的《赛博格宣言》（*Cyborg Manifesto*，1984）中提出的问题："为什么我们的身体以皮囊为界？"我们不妨思考，如果我们的身体不以皮囊为界，如果我们是分散的、混合的后人类，我们应该为此而担心吗？

123

工具包

17

　　我们在观看恐怖电影时感到恐惧，似乎有悖于我们只能对我们相信存在的事物感到恐惧的观点。我们对虚构作品的情感反应可能会有实际的益处。

　　思考点: 我们是否可以喜欢虚构的暴力场景?

18

　　休谟认为品味存在客观标准，可以由"真正的评判者"来决定。但如果这样的标准并不存在，那么这些评判者也不过是文化暴君而已。

　　思考点: 如果没有任何客观的品味标准，是不是就无法提高"审美能力"了呢?

19

无论创造力究竟是什么，似乎都需要有最基本的物质条件，只有这样我们才有能力采取创造性的行动。

思考点：如果创造力包含有意识地、仔细地思考正在创造的东西的能力，那么婴儿有创造力吗？

20

对技术的考虑引发了我们对自身存在形式的质疑。尼克·博斯特罗姆认为我们生活在一个计算机模拟世界中，唐娜·哈拉维引导我们思考，我们的记忆是如何分散在线上和线下平台的。

思考点："现实生活"有什么是"真实"的？

参考文献

Cathryn Bailey *'We Are What We Eat'* (Hypatia, 2007)

Helen Beebee *'Women and Deviance in Philosophy', in Women in Philosophy: What Needs to Change* (Oxford University Press, 2013)

David Benatar *Better Never to Have Been*(University Press, 2012)

Marcia Baron *The Moral Status of Loyalty*(Kendall/Hunt, 1984)

Isaiah Berlin *'Two Concepts of Liberty'*(Clarendon Press, 1958)

Nick Bostrom *'Are We Living in a Computer Simulation?'* (Philosophical Quarterly, 2003)

Pierre Bourdieu *Masculine Domination* (Polity Press, 2001)

Elizabeth Brake *Minimalizing Marriage: Marriage, Morality and the Law* (Oxford University Press, 2012)

Clare Chambers *'The Marriage-Free State', Proceedings of the Aristotelian Society, 134th Session, CXIII(2)* (2013)

Jelani Cobb *'Tarantino Unchained'*(The New Yorker, 2013)

Derrick Darby and Tommie Shelby *Hip Hop and Philosophy: Rhyme 2 Reason* (Open Court Publishing, 2005)

Stephen Darwall *'Two Kinds of Respect'* (Ethics, 1977)

René Descartes *Meditations on First Philosophy* (1641) Accessible via the Gutenberg Project

Lee Edelman *No Future* (Duke University Press, 2004)

Ian Fraser and Lawrence Wilde *The Marx Dictionary* (Continuum, 2011)

James Garvey *The Ethics of Climate Change* (Bloomsbury, 2008)

Judith Jack Halberstam *Female Masculinity* (Duke University Press, 1998)

Donna Haraway *The Cyborg Manifesto* (Georgetown University Press, 1984)

Jenny Harry's letters, in Joseph Green's 'Jenny Harry later Thresher' (Friends Quarterly Examiner, 1914)

N. Katherine Hayles *'Toward Embodied Virtuality' in How We Became Posthuman* (University of Chicago Press, 1999)

David Hume *'Of the Standard of Taste'* (1757) Accessible via the Gutenberg project.

Susan James *'Feminism in Philosophy of Mind: the Question of Personal Identity', in The Cambridge Companion to Feminism in Philosophy* (2000)

Immanuel Kant *Grounding for the Metaphysics of Morals* (1785)

Martin Luther King Jr. *'Loving Your Enemies',* (Sermon, 1957)

Christine Korsgaard *'The Right to Lie: Kant on Dealing with Evil'* (Philosophy and Public Affairs, 1986)

Carolyn Korsmeyer *'Making Sense of Taste: Food and Philosophy'* (Cornell University Press, 1999)

Aldo Leopold *For the Health of the Land* (Island Press, 2002)

Paisley Livingston *'Poincaré's "Delicate Sieve": On Creativity and Constraints in the Arts'* in *The Idea of Creativity* (Brill Publishing, 2009)

John Locke *Essay Concerning Human Understanding* (1689)

Ruth Barcan Marcus *Moral Dilemmas and Consistency* The Journal of Philosophy 77(3) (1980)

Robert Murray *Unknown White Male* (Shooting People Films, 2005)

Martha Nussbaum *The Therapy of Desire* (Princeton University Press, 1994)

Onora O'Neill *'Demandingness and Judgment'* (2007)

Judith Orr *Marxism and Women's Liberation* (Bookmarks, 2015)

Blaise Pascal *Pensées* (1670) (accessible on project Gutenberg)

Plato *Ion (380 BCE).* Accessible on the Internet Classic Archive

Michael Puett and Catherine Gross-Loh *The Path* (Simon & Schuster, 2016)

Colin Radford *'How Can We Be Moved by the Fate of Anna Karenina?'* (Proceedings of the Aristotelian Society, 1975)

Phyllis Rooney *'Philosophy, adversarial argumentation, and embattled reason'* (Informal Logic, 2010)

Amelie Rorty *'Relativism, Persons, and Practices'* in *Relativism: A Contemporary Anthology* (Columbia University Press, 2010)

Tina Rulli *'The Ethics of Procreation and Adoption'* (Philosophy Compass 11/6, 2016)

Tommie Shelby *We Who Are Dark* (Harvard University Press, 2005)

Sydney Shoemaker *Self-Knowledge and Self-Identity* (1963)

Richard Shusterman *'The Scandal of Taste'* (The Philosophical Forum, 1989)

Richard Sorabji *Emotion and Peace of Mind* (Oxford University Press, 2000)

Dale Spender *Man Made Language* (Rivers Oram Press, 1980)

Charles Taylor 'Explanation and Practical Reason' in *Philosophical Arguments* (Harvard University Press, 1995)

Shashi Tharoor, 'Britain Does Owe Reparations' (2015)

Mark Twain (Samuel Clemens), *'On Loyalty', Notebook* (Harper, 1935)

Alice Walker *In Search of Our Mother's Gardens* (Harcourt, 1983)

Virginia Woolf *A Room of One's Own* (Penguin, 1929)

Fiona Woollard *(2016) 'Mother Knows Best: Pregnancy, Applied Ethics and Epistemically Transformative Experiences'*

后 记

终于，我们来到了本书的尾声，即结论部分。我们是否应该遵循一般作品的惯例，在此处得出结论? 或者我们是否还应该留点儿时间来进行最后的思考?

什么是结论? 它是一个总结讨论和收获的机会。它是一个让作者完成论证，并从各种前提中推导出结果的机会。它是我们在经历了文本的反复推敲、反对和推倒反对、论题和反论题之后的休止符。结论是一个终点，一个句号，一个对自己立场的最终声明。因此，它与本书的目标，甚至在更广泛的意义上，与哲学的目标明显不一致。

我们在本书中探讨了许多有意思的，有

时甚至是奇怪的哲学思想。在写本书的过程中，作者也曾对这些思想感到困惑、激动、烦躁和不安，所以我只能想象读者们阅读时的感受。它们是否对你有所启发? 它们是否让你感到不舒服? 这正是作者的本意。你同意书中的每一种思想吗? 我真诚地希望你不会。如果你和我一样，那么你会发现自己在不同的观点之间犹豫不决，在不同的立场之间摇摆不定。而我认为这正是哲学的部分意义所在——不断地质疑自己的立场，验证不同的观点。

我并不认为哲学书必须要有一个结论。因为从来没有任何问题、困惑或悖论不会让

"哲学意味着永远在路上。哲学的问题比答案更重要，每个答案都会成为一个新的问题……"

——卡尔·雅斯贝尔斯（Karl Jaspers）

我们产生新的问题或困惑。就像本书一开始表明的，哲学并不是真的要得到答案，而是要让人困惑，引发人们更深入、更新颖的思考。我希望本书在这一点上能够对你有所帮助。因此，让我们效仿电影的经典结尾来为本书画上句号：全剧终。

真的吗?

作者简介

亚当·费尔纳

曾在法国和英国从事哲学学术研究，但更喜欢在学术界以外的青年中心及其他教育机构工作。曾发表过多篇文章，并出版过三本著作：《有机体和个人身份》（*Organisms and Personal Identity*）、《生活中的哲学课》（*Think Differently*），以及《速成课程：哲学》（*Crash Course: Philosophy*）。